奶粉战略

雷永军◎著

中国科学技术出版社

·北 京·

图书在版编目（CIP）数据

奶粉战略 / 雷永军著 . -- 北京 : 中国科学技术出
版社 , 2025. 7. -- ISBN 978-7-5236-1346-7

Ⅰ . F426.82

中国国家版本馆 CIP 数据核字第 2025DW9788 号

策划编辑	李清云	责任编辑	方 理
封面设计	创研设	版式设计	蚂蚁设计
责任校对	邓雪梅	责任印制	李晓霖

出　　版	中国科学技术出版社
发　　行	中国科学技术出版社有限公司
地　　址	北京市海淀区中关村南大街 16 号
邮　　编	100081
发行电话	010-62173865
传　　真	010-62173081
网　　址	http://www.cspbooks.com.cn

开　　本	880mm×1230mm　1/32
字　　数	202 千字
印　　张	10.25
版　　次	2025 年 7 月第 1 版
印　　次	2025 年 7 月第 1 次印刷
印　　刷	北京盛通印刷股份有限公司
书　　号	ISBN 978-7-5236-1346-7/F・1367
定　　价	68.00 元

雷总的《奶粉战略》终于成书了，可贺！

认识雷总有 20 年了，与他结识源自婴儿奶粉。我们深度交往多年，可谓知之甚深。

中国奶粉这一行业，历史不长，也就三十几年。最初的从业者大多是从养牛合作社出来的。20 世纪 90 年代后期，现代营销理念开始进入乳业，但整个行业的底蕴不高，从业者十有八九是走街串巷卖货郎的水平，貌似做品牌打广告的，扒开了细看，也大多是促销广告。

在这样一个圈子里，几十年来锲而不舍主张定战略、做品牌的高人如雷永军总，真的是凤毛麟角。

在这本书里，雷总总结了中国奶粉行业 20 年来在策略发展上的风风雨雨，他的立场、他的观点、他对这段发展历史的系统回顾和总结，对我们从事这一产业的同行们来说是至关重要的；对其它行业的从业者来讲，也同样具有巨大的借鉴价值。

透过历史变迁，感知未来趋势，把握行业发展脉搏，这是我们职场人的至高要义。感谢雷总的赤诚奉献！

圣元国际集团董事长　张亮

雷总创立的北京普天盛道咨询有限公司和新希望乳业有过几次合作，他的团队专业、务实、认真，脚踏实地、注重结果。

在奶粉领域，雷总深耕 20 年，有丰富的行业经验，始终保持着对产业一线的敏锐触觉。

《奶粉战略》这本书，通过实证分析和案例复盘，指出了奶粉行业过去 20 年发展的战略变化脉络。雷总将其总结为"渠道推动模式、品牌拉动模式、系统赋能模式、顾客组链模式"等，这种基于长期实践的战略框架梳理，很具有现实的参考价值。

这个脉络也适用于其它行业，因为这揭示的是一个行业发展的迭变规律，为企业把握结构性机遇提供了方法论层面的启发。

书中还有不少策略和方法论，还是请乳品行业的朋友们去翻翻、看看。

新希望乳业董事长　席刚

婴幼儿奶粉产业不同于别的领域，这是个良心行业、爱心事业，所以奶粉企业有其独特的使命。这也必然要求所有的婴配粉企业要有独特的战略思维。

真正的战略，一定是用既有的资源，把握正确的行业趋势，尽最大的可能性去拥抱未来不确定性。

　　雷老师的这本《奶粉战略》，用大量实战案例的总结，来展现当今时代下对奶粉行业的前瞻性战略思考。这对于企业应对未来更多的经营挑战，具有重要的思考价值和启示意义，堪称真正的行业良知。

贝因美股份有限公司董事长　谢宏

　　雷老师在奶粉行业的实战经验非常丰富，助力了很多奶粉品牌的成长和成功。

　　在奶粉行业，雷老师有很多前瞻性观点，在行业发展中都得到了验证。

　　《奶粉战略》这本书以敏锐的洞察，独到的见解，对行业、企业和战略进行了精准的剖析和详尽的讲解，可以让大家升维思考，认清过去和现在的发展，更好地预判未来。

　　本书是一本高质量、很专业的行业佳作，值得奶粉行业业内人士仔细阅读。

君乐宝乳业集团副总裁兼奶粉事业群总经理　刘森淼

　　翻开《奶粉战略》这本书的读者，很可能正身处一个充满矛盾与机遇的行业——婴配粉市场。在这个行业，消费者的忠诚度像婴儿的第一颗乳牙般短暂，产品迭代速度堪比新生儿成长的脚步，而消费观念的演变则如同年轻父母手机里不断刷新的育儿知识帖。

　　这个行业正在经历一场静默的革命：它既是刚需驱动的千亿

级市场，又是被科学喂养理念、代际价值观更替和全球化信息洪流重塑的战场。

因此，这个行业太需要有深入研究的战略咨询公司，对行业的发展趋势提出预判以及应对的方法。雷总的新作《奶粉战略》，就是在揭示这个行业的发展规律和企业的应对战略。

书中提到的中小企业的根据地战略、大企业的布局、行业普遍存在的品牌问题，等等，都值得相关企业决策者重视。书中的观点，对有志于推动婴配粉行业发展的从业者来说，定能带来收获和启发。

北京三元食品股份有限公司总经理　唐宏

欣闻《奶粉战略》付梓，欣喜之余更感振奋。

雷永军老师以其 20 载行业深耕的独到视角，将中国奶粉市场的风云变幻与未来蓝图娓娓道来。书中既有高屋建瓴的趋势洞察，又有刀锋般犀利的实战策略，更难得的是字里行间流露的行业情怀与包容智慧。

在当下奶粉行业竞争白热化、转型升级迫在眉睫之际，《奶粉战略》这部力作无疑为从业者点亮了一盏明灯。

愿每一位读到本书的人都能从中汲取智慧，让我们携手推动中国奶粉产业走向更高质量的发展新纪元。

陕西红星美羚乳业股份有限公司董事长　王宝印

中国奶粉行业正经历深度变革，从增量竞争到存量博弈，每个企业都在寻找破局之道。

雷永军老师的《奶粉战略》基于过去 20 年的行业洞察，深度剖析价格战、渠道转型、品牌突围等核心议题，既直面头部企业的增长焦虑，也为中小企业指明"错位生存"路径。尤其是对羊奶粉赛道的系统化梳理，结合陕西产业实践提出落地策略，兼具前瞻性与实操价值。

和氏乳业深耕行业多年，深知战略清醒对企业的重要性。这本书不仅是奶粉行业发展的"全景地图"，更是从业者穿越周期的行动指南。

郑重推荐每一位奶粉人认真精读，在变局中把握趋势，在竞争中筑牢根基。

陕西和氏乳业集团董事长　刘安让

初识老雷，缘于 2018 年我们投资一家奶粉企业，当时需要业内专家的深度建议。第一次交流下来，我们就受益匪浅。后来，我们一直和老雷保持着对行业和项目的沟通咨询。

雷老师多才多艺，但最令我钦佩的还是他 20 年来坚持在一个细分领域内持续深耕，为行业发展厘清脉络，指明方向，为企业战略及落地执行躬身实践，建言献策。

应该说，中国的奶粉行业，尤其婴配粉行业，受人口结构、产业政策、消费者需求、通路模式、营销策略、渠道结构、竞争趋势等影响，变化巨大，这困扰着很多企业。但是，雷老师总能在行业发展的关键节点，高屋建瓴地识别其中的变与不变，且通过各种方式旗帜鲜明地喊出来，为很多企业制定正确的战略提供了指引，正如《奶粉战略》作者自序所讲的"好战略就是印钞机"。

愿雷老师一如既往，继续为中国奶粉行业的健康发展提供智慧的指引。

中信农业产业基金投委会主席　乔百君

自序
好战略就是印钞机

2023 年，在一个乳业论坛上，我发表了一篇演讲，题目是《好战略就是印钞机》。

论坛结束后，几位企业高管找我交流，表示这种提法非常新颖。其中一个公司的首席执行官对我说，他和公司董事会讨论战略，多数情况下都谈不拢，因为许多大股东不重视战略，而他也一直没有很好的办法向董事会阐明战略的重要性。今天我的演讲一下子让他找到了办法。

他告诉我，他把我演讲的相关 PPT 图片发到了他的董事会群里。过了大约 2 个月，他给我来电，说董事会接受了我提出的"好战略就是印钞机"的观点，而且几乎是全盘接受。用他的话说，董事会觉得我不仅把什么是战略讲清楚了，还把战略的重要性讲清楚了。

我常常为企业这样的转变而感动。

好战略就是印钞机，这个感悟，是我 20 年来一直致力于向中国奶粉行业普及的思想观念。

我 2004 年进入奶粉行业做战略咨询，是当时某国产奶粉头部企业的战略顾问。我参与了这家企业的某种高档产品的战略制定，这个产品的销售额不到 3 年就从 0 发展到了 20 多亿元，让我实实在在地感受到了企业战略的威力。

　　2008 年，我们和陕西省的一家奶粉企业合作，在两年多时间里，将它的一个品牌的销售额从 4000 多万元做到了 5 亿多元，增长了 10 倍以上。这家在奶粉板块将近 5 年没有变化的企业，成为当时中小企业的战略榜样，这让我坚信中小企业可以通过战略重构快速发展。

　　后来，我为君乐宝旗帜服务，提出了具有前瞻性的"鲜活战略"。在研究君乐宝旗帜未来 5 年可能面临的竞争格局时，飞鹤进入了我的视野。我根据飞鹤的市场战略布局做了战略发展推演，最后得出结论，飞鹤在 2022—2023 年销售额可以达到 200 亿—300 亿元，而当时飞鹤销售额才 30 多亿，这在行业内引起巨大震动。今天，鲜活战略已经是几十家中小企业跟随的战略，而飞鹤也在 2022 年营收超过了 200 亿元。飞鹤、伊利、君乐宝互为竞争对手，成为中国奶粉的头部企业。

　　可以说，掌握了正确的战略分析方法，才能够把行业的趋势、竞品的趋势看清楚，进而为自己企业的战略布局找到最佳路线。

　　因为长期深度研究中国奶粉市场的发展和趋势，我和国内不少奶粉企业都有合作，不少企业家和企业中高层都是我的朋友。

　　有时，我看到他们企业的战略结构、战略布局、战略突破上有问题，很是着急，但也不好直接指出。

　　因此，在奶粉行业发生巨大变化的关键时点，我都会在行业内广撒英雄帖，召开行业战略论坛，把我对奶粉行业的趋势分析、变革思想、布局策略、战术打法、风险规避等开诚布公地和行业内的朋友分享，以帮助更多企业少走弯路。我发起的"中国婴幼儿奶粉战略发展论坛"每两三年举办一次，至今已经举办过 5 次，是行业内风向标式的知名论坛。论坛参与人数最多的一次是在上海，有 1000 多人，其它几次也有 300—500 人的规模。论坛一般都是多人发言，我也只有大概 30 分钟的发言时间，有时无法将研究成果讲得清晰，因此我也会通过撰写文章、接受采访、一对一咨询等方式，对很多战略思考进行系统解释。

由此，我积累了 30 多万字关于奶粉行业的思考和实践总结，也就有了本书。

回望过去的 20 年，我始终站在战略的角度研究奶粉这个被全国人民关注的行业。在中国奶粉反复遭遇危机的大背景下，我从未后悔研究奶粉行业这个很窄的领域。因为中国奶粉现在已经取得了压倒性的优势，战胜了洋奶粉；因为中国奶粉还有不少企业已经靠过硬的品质出口欧美。

我所在的北京普天盛道咨询有限公司（后文简称"普天盛道咨询"）是一家深度研究奶粉行业趋势、战略、模式、品牌、营销的咨询服务公司。我们先后为多家企业提供了战略咨询和品牌营销咨询服务。从 2004 年到现在，中国奶粉行业的大小事件，普天盛道咨询几乎都是亲历者、策划者、推动者或者践行者。

在 20 年奶粉咨询的生涯中，我和普天盛道咨询的同事们总结出了"元规则战略""四信营销""定局营销""四点爆品论""公关运动论""团队执行力十六字方针"等很多策略工具，其中多数已经被导入企业，成为企业的竞争武器。

本书是我对过去奶粉行业发展和咨询项目的思考、复盘和总结，也是我对中国奶粉行业风云变幻的见证和记录。

行业内朋友大多喊我"雷老师"，其实他们和市场才是我的老师。

他们和我沟通时，敢于将自己企业的现状、问题、目标、野心、经验和教训等分享给我，这才成就了我对奶粉行业的深度把握。是他们的支持给了我前进的动力，是他们的信任给了我奋斗的力量。

当然，在研究奶粉企业的这20年里，我也看到了无数企业在战略上犯了严重错误。它们之中，有的已经倒下，有的被别的企业兼并了，有的正在水深火热之中。

"好战略就是印钞机"这个观念和思想已经被大家接受，但是仍然有很多朋友没有关注到，我在提到这个概念的同时，还会提出"坏战略就是碎钞机"的观点。

是呀，一旦战略错位、失误、无效，甚至失败，企业的一切投入都可能进入"碎钞机"，没有任何市场效果。

读书论道。

对历史复盘，才能让我们看清中国奶粉行业的未来。

开卷有益。

让我们一起去看看一个时代的战略、战术思考。

前事不忘，后事之师。

谨以本书，向所有中国奶粉人致敬！

CONTENTS 目录

上篇　增量时代

中篇　减量时代

上篇
增量时代

第一章
中国奶粉市场的十大关系

中国奶粉市场风起云涌，受到了从中央到地方、从国内到国际的数百万从业者和超过两亿直接或间接消费者的广泛关注。

有人说奶粉市场关系比较复杂、难懂，做市场的时候不知道从哪里下手。今天，借这个机会，我把它总结为十大关系，希望能够帮助大家厘清这个行业，选择自己企业发展的战略战术。

第一，生产成本和全球贸易的关系。

我们都知道中国奶粉进口占比很大，因为我们没有足够的乳清粉，而乳清粉是一种重要的奶粉原料，在每一罐婴幼儿奶粉中占比大约 50%。依赖进口本来没什么，关键在于贸易的定价权掌握在谁手里。而我国虽然全脂粉和乳清粉进口量都很大，却未能掌握贸易的定价权，甚至连议价能力也很弱。

中国的奶源，一千克奶应该定价多少？目前，奶农定不了，乳品企业定不了，奶业协会和政府也定不了。

这就是我们面临的行业现状。因为，中国奶价受国际拍卖市场的价格影响非常大。新西兰全脂粉、脱脂粉拍卖一降价，我们的原奶就会马上跟着降。为什么？因为它们掌控了中国奶价的定价权。这也就是我刚才讲的贸易定价权。

贸易定价权很重要，它会影响中国每一家奶粉企业的成本，会影响我们养殖业的规模，也会作用于我们的终端市场，并对每一个消费者产生影响。更重要的是，这个定价权可能会长期影响整个中国乳品行业的发展。

如果把中国的奶粉市场比作一头牛，贸易定价权就是牛鼻子上的那根绳子。现在，中国乳业已经被别人牵着鼻子走了至少10年。

自2010年来这5年，世界奶粉贸易贸易持续上涨，中国的小包装奶粉价格也跟着持续上涨，现在三四百元一罐的奶粉已经司空见惯。

可是，当中国奶源成本持续升高后，国际奶价却持续降低了。

我认为，这一个轮回的价格影响，作用到中国奶粉市场，就可能是价格战的爆发。因为，成本下降太多了，打价格战的空间完全有了。

更需要关注的是，中国的奶价可能以后会出现周期性涨跌，而根源就在于我们没有掌握贸易的定价权。

第二，品牌管理和品类布局的关系。

我问过不止六家企业的市场部负责人，其品牌主张或者口号是什么？对方往往给我讲了一大堆，大致都是说自己的产品好、品质好、销售增长快等，却始终无法用一句凝练的话来表明自己的品牌主张。偶尔有明确广告语的企业，其广告语也很不规范，既没有表现产品的特征或差异化，也没有体现品牌的主张或价值。

这种自说自话的情况很是普遍。我们调研后认为，中国奶粉行业约有 90% 的企业没有完整、成熟的品牌策略和品牌管理。

品牌策略和品牌管理是专业性很强的问题，牵扯到企业未来的发展战略和品类布局。如果是大企业，不同品类还应该有独立的副品牌或子品牌布局，以适应未来的发展需求。可是，我们今天的奶粉行业，除了少数企业有不甚规范的品牌建设，大多数企业在品牌上仍然停留在"摸着石头过河"的阶段。

虽然今天的市场是渠道推动型的发展市场，但是不久的未来，市场一定会进化为品牌拉动型的市场。等到了市场需要品牌作为核心发展动力的时候，再布局就迟了。

品类布局也有专业性。要根据企业发展的差异性和行业发展的品类趋势来反复权衡，还要根据竞品的品类布局做调整，才可能有较好的发展。

第三，国际品牌和国内品牌的关系。

中国奶粉市场中，国外品牌以美赞臣、雀巢系（包括惠氏）、雅培和多美滋为代表，国内品牌以贝因美、伊利、圣元、雅士利、飞鹤、完达山等为代表。我们简单观察这个市场，就会发现三线市场是非常关键的。

我在 2009 年制定了一个婴幼儿奶粉行业战略，向全行业公开，被数百个品牌、几十家国产奶粉企业采纳。这个战略的核心就是在三线市场构建一个阻击外资的前沿阵地，我称为"三线市场堤坝论"。

未来，如果国内品牌越过三线市场，进入二线市场，则内资会占市场主导；如果国外品牌进入三线市场或四线市场，则外资会占市场主导。

到现在为止，国产奶粉阵营还是很安全的。

但是，我们应该把目光放得再长远一点，把这个局势看得再深入一点。我们就会发现，渠道问题是当前竞争的根本问题。比如，有的企业降了价反而不好卖了，有的企业涨了价反而销量增长。这是过去 5 年一个非常反常的市场现象，值得我们每一个企业研究。其本质还是渠道的力量在起作用。在渠道力量的加持下，即使是进口大品牌，到了三线、四线市场也是小品牌。把三线、四线市场研究透了，把涨价和降价的内在特性研究透了，就自然读懂了进口品牌和国产品牌的关系。

第四，传统渠道和母婴渠道的关系。

如果传统渠道的经销商赚足了钱，而提供产品的品牌企业是微利的，这个生意会长久吗？

答案是，肯定长久不了。

什么叫作共赢？什么叫作朋友？什么叫作企业和渠道战略合作？这是我们要从常识的角度思考的问题。

生产企业不赚钱，经销商赚钱，这是过去 5 年传统经销渠道非常普遍的现象。这很不正常。

今天我们有流通渠道直达门店，全国物流配套已经非常发达。如果还找不到合适的分配机制，经销商这个群体迟早要被"革命"。

也就是说，如果今天你还是销售额三五千万元的经销商，那你就要小心，如果我是企业老板，我就要想办法把你甩掉，不和你做生意，因为你已经跨越了生产企业和品牌企业的底线。

这是一个趋势，未来虽然还不是很明朗，但是母婴渠道逐步取代传统渠道是行业发展大势。

第五，婴童渠道和电商渠道的关系。

我们知道，最近两三年来，国内外的品牌都在电商领域投入很大，大家尝试了很多想法、思路，以寻求突破的办法。

电商和物流有关。

我们判断，婴童渠道的崛起可能决定了这个行业未来 5 年之内谁会是黑马，谁能够做大。但是，电商渠道的发力也不容小觑，只要模式成熟，也会诞生黑马。

我们知道，过去每三五年就会出现一匹黑马。比如 2004 年到 2008 年，圣元、雅士利的销售额从三四亿元增长到二三十亿元；2008 年到 2013 年，合生元的销售额达到 30 亿元，贝因美的销售额达到 60 多亿元。未来，谁还会在奶粉市场里以黑马的姿态冒出来？关键就与婴童渠道和电商渠道的关系有关。

新的模式造就新的市场动力。现在的市场因为模式老旧，已经没有动力了，所以必须有新的模式诞生。

在 2008 年的时候，我曾经写文章批评行业第一阵营要模式改变，但鲜有人理会。现在则是大家被迫改变，无论是主动改变还是被迫改变，改变就好。

第六，高价格和低价格的关系。

行业内的人都知道奶粉行业毛利较高，具体有多高？举一个简单的例子：家电行业卖一台两三千元的彩电也就赚 50 块钱，渠道也赚不了多少钱。相比之下，奶粉行业的毛利率大多在 60% 以上。这么高的毛利率必然引发充分竞争，迟早会有毛利率下降到 30% 的一天。

这是所有行业发展的规律，谁也改变不了。因此，我们必须时刻准备迎接低毛利时代的大规模竞争。

如果我们现在就觉得这个行业的竞争很激烈，那我告诉你，现在的竞争力度只是毛毛雨，甚至可以说几乎没有竞争，而未来一定是非常激烈，甚至是惨烈的竞争。

低价格的价格战导致渠道大面积消失和品牌大面积死亡不是猜测，在未来某一天将会成为市场竞争的常态。

因此，内功要从现在练起，不要到品牌面临危机的时候才去临时抱佛脚。

第七，大企业和小企业的关系。

说到大企业和小企业，我认为不要因为企业小就觉得自己好像很弱，也不要因为企业很大，达到销售额五六十亿元，就觉得自己了不得。

小企业没有什么可气馁的，因为所有的大企业都是从小做大的。重点是你有什么模式、有什么策略参与复杂和激烈的竞争。

第八，销售方式和消费更迭的关系。

"70后""75后""80后""85后"和"90后"的妈妈们的消费行为一样吗？显然是不一样的。

1985—1990年出生的人正在成为中国的生育主力军。他们的特性是：不再像过去那样依赖所谓的专家、名人来做消费决策。

因此，过去的很多成熟有效的销售模式和方法，会在今天和未来的市场上受到挑战，甚至失效，这和母婴人群的迭代有关。

第九，经营模式和资本模式的关系。

资本对行业的作用是什么呢？我认为是催化剂的作用。

蒙牛曾经连续七八年亏损经营，现在却是中国乳业的第二名，就是因为它的经营模式是资本参与的经营模式。它有摩根士丹利、英联等国际资本的扶持，所以能在不断亏损的情况下快速做大销售额。

对于资本，我相信乳业的朋友深有感触。不管你爱不爱它，它都会参与你的市场。如果你不让它参与，它要么扶持你的对手打败你，要么联合你的对手迫使你就范。这就是资本的力量。

从当前来看，中国乳业中的奶源企业、液态奶企业和资本捆绑很深，奶粉企业也有几家上市公司，但是资本作为竞争杠杆的作用还不是很显著。

我觉得，和资本的联姻要引起企业，尤其是中小企业的高度重视。未来能在奶粉行业取得头部地位的企业，一定是上市公司或者有资本深度参与的企业。

第十，企业家和营销总监的关系。

千军易得，一将难求。

今年，有很多中小企业发展得非常快，但根据我们的观察，这其实与这个企业本身的品牌和产品的关系不大，而是与其"将才"有关。

在任何组织中，"将才"都是稀缺资源。未来一定是"得将者得天下"的时代。如果你的企业现在恰好得到了"良将"，那就有可能成为中国奶粉行业的快速增长企业。

《孙子兵法》讲，"道""天""地""将""法"，其中关键的就是"将"。没有"将"，"道""天""地""法"就没有执行人了，只有"将"才能将这些要素灵活合理利用，最终形成战胜对手的优势。

如果今天有企业家在场，我建议，你一定要在选将、用将、留将上下足功夫。为什么？因为"一将无能，累死千军"啊！

最后要强调的是，这十大关系是大多数奶粉企业未来制定战略战术的基础框架，是打败对手的基础，是快速发展的引擎。

（本文为 2014 年 7 月 22 日雷永军在第一届中国婴幼儿奶粉战略发展论坛上的演讲稿。）

第二章
价格战：至少会让 1000 个奶粉品牌消失

中国的婴幼儿奶粉品牌太多了，几乎每天都有新的品牌出现，每天也有旧的品牌消失，还有一些僵尸品牌，半年多生产一次，没人知道是死是活。真的是不好计算啊！

为什么婴幼儿配方奶粉市场是这样？答案很简单，中国食品市场很少有销售额近千亿元且毛利超过 50% 的行业，而中国婴幼儿奶粉 2015 年市场销售额达 800 多亿元，平均毛利在 60% 以上。

有利益支撑，谁不想挤进这个行业淘淘金？因此，国内外有资源的人都挤破了脑袋，要在奶粉这块蛋糕上切一块。至于到底有多少个品牌，普天盛道咨询曾经有过统计，将主品牌和副品牌加起来，包括羊奶粉在内，大约有 2500 个以上的独立品牌。

● 价格战真的来了吗？

价格战真的来了吗？这个问题的答案是肯定的。

我始终认为，价格战一直伴随着奶粉业业态。

根据普天盛道咨询的研究，中国奶粉行业的价格战正在从隐性走向显性，从单纯的低价走向高价和低价的配合。

今天的市场，大多数企业采取的都是多品牌运作模式，有的企业品牌数量达到了几十个。一旦低价价格战的炸药包爆破，就会将过去五六年在终端建立的价格体系打乱，这意味着原来的定价模式会失效，同时也意味着多品牌、分渠道操作模式的失效。

若如此，很多企业就需要重新搭建品牌体系和价格体系。

如果重新搭建的品牌与品牌之间的关联性缺乏，就会导致企业虽然规避了低价价格战带来的价格体系和定价模式的失效，但是会给品牌发展带来阻力。

因此，需要提醒大家的是，不仅降价是价格战，涨价也是价格战。这是价格战的本质和精髓。

在普天盛道咨询看来，价格战的核心思想不是简单的涨价或降价，而是利用价格做差异化竞争，让企业逃离竞争的红海。

当前，也有不少企业通过不断涨价打价格战，而且伴随着涨价，销量不降反升。

● 保守估计，会消失 1000 个品牌

中国市场能容纳多少个奶粉品牌？

普天盛道咨询研究中国奶粉市场多年，我们认为，按照中国市场的消费层级和数量，2015 年，中国市场容纳 200—300 个品牌最为合适。

但是，5 年后呢？

我们按照家电业发展的规律来看，一旦毛利降低到 30% 以内，会有大批的品牌休克死亡。那时候，中国奶粉 90% 的销量会集中到前 20 个、30 个或者 50 个品牌上，剩余的数百上千品牌仅占 10% 的市场份额。

从这个角度看，这一轮价格战一旦深入，全行业可能有 1000 个品牌要退出市场。

对于低价价格战来说，至少有 800 个以上的品牌会被渠道直接淘汰；对于高价价格战来说，如果企业的品牌知名度、美誉度没有建立起来，高价仅能维持渠道的利润需求，但是短期内如果没有销量增长，这个模式也会在一些品牌上失败，因此高价价格战中也有至少 200 个品牌要退出市场。

这是我们的一个保守估计。因为，这一轮竞争，可能还要将数百个品牌打成僵尸品牌。什么是僵尸品牌？就是没有销量，但是还在市场上挣扎的品牌。

（本文于 2015 年 7 月 13 日发表于乳业圈公众号，后文简称"乳业圈"。）

第三章
奶粉：有没有企业可以做到 300 亿？

国内外大量的调研机构和投资机构，在 2013 年之后都采纳了普天盛道咨询关于奶粉行业销售额的公开数据，但对于未来奶粉行业竞争的局面，却没有机构去大胆展望。

我们曾经深度关注家电行业七八年，我本人亲身走访调研过几乎所有的家电企业，对家电业的竞争对抗记忆犹新。今天我们来看，冰箱行业中海尔的市场占有率大约为 30%，空调行业中格力的市场占有率大约为 35%，彩电行业中创维的市场占有率约为 25%。这说明，婴幼儿配方奶粉（简称婴配粉）行业如果竞争加剧，可能有的企业的市场占有率会达到 25% 以上。

数据是最能说明问题的。家电业的品牌集中已经给了奶粉行业一个竞争的参考方向。

● 从家电业的竞争看奶粉市场

家电业和奶粉业很相似，初期作坊遍地，中期中小品牌数千，后期大企业独霸。当前，家电企业是大企业占据主导，中小企业补充。我们看到，中小企业并没有消失，而是通过调整产品结构和渠道营销顽强地存活了下来。同时，家电业的盘子做大了数倍。

我发现，很多新品类都是先由中小企业创新，而后被大企业跟进的，比如豆浆机。我在 2001 年左右和九阳董事长交流的时候，他正在考虑将总部从济南搬到广州，原因是在采购成本和营商环境上，广州更有利于企业发展。最后他搬家成功了，也成就了九阳。同时，美的、海尔等大企业的豆浆机也如雨后春笋般生长起来。

1999 年，我在西安工作的时候，曾给西安北郊的一家小家电企业做了个小策划，它的产品的品牌叫"巧媳妇"。这个产品有八九种功能，能磨豆浆、切菜、绞肉、压面等。功能太多，太复杂。后来很多发展起来的小家电，只采用了该产品的一项或两项功能。

这就是市场。

中国的羊奶粉原创于陕西，是陕西几家企业将其做成了婴幼儿羊奶粉并逐步打开市场，在中国奶粉市场中获得了一席之地。因为资源稀缺，故而毛利较高。遗憾的是陕西的多家企业在发展过程中缺乏整合的战略和能力，因此错过了内部整合的最佳阶段。

现在，国内的大企业开始看重这个品类，在全球羊奶粉不断进入中国的背景下，陕西的羊奶粉企业开始陷入危局。

其它的品类也有类似的情况。国内最早宣称将 OPO 结构油脂应用于婴幼儿奶粉的企业是飞鹤和完达山，两三年后，惠氏跟进这个概念，最终完胜。我写此文的时候，惠氏销售额大约为105 亿元，成了中国奶粉市场的第一名，原因就与 OPO 产品概念有关。

看奶粉行业今日发生之事，就如同看家电昨日之事，令人深思。

● 从液态奶的竞争看奶粉市场

液态奶市场的发展在 2006 年之前就奠定了基础，因为那时蒙牛的年增长率最高，伊利的发展最稳健。十多年过去了，蒙牛和伊利双双进入第一阵营，将第二阵营的光明甩了三四百亿元销售额。

2005 年世界乳业大会（IDF）会议在上海召开，会上德国的乳业专家提出了常温酸奶的概念，当时伊利、蒙牛对此并不认同。

可是，正是常温酸奶在 2010 年之后救了光明。光明的这款产品取名莫斯利安，在几年时间中单品销售额迅速突破 60 亿元，业绩辉煌。可以想象，如果没有这个产品，光明可能在王佳芬之后的郭本恒时代会一直陷入亏损。可是，在其它企业纷纷跟进之后，2015 年蒙牛的纯甄、伊利的安慕希、君乐宝的开菲尔都有巨大增长，而莫斯利安却增长受限。

这就是液态奶的竞争。

液态奶市场很残酷，伊利、蒙牛已经占据半壁江山，但是并没有阻止作坊式的奶吧和中小巴氏鲜奶企业发展的脚步。奶粉行业如同液态奶一样，行业集中的大方向不会变，产品竞争和团队竞争的根本不会变。

200 亿—300 亿元销售额，有没有企业能做到？

2000 年，中国乳业全行业销售额才 200 多亿元，其中奶粉 40 亿元左右。15 年过去了，我却要预测中国有没有一家奶粉企业可以做到 200 亿—300 亿元的销售额。

这是不是天方夜谭？我想，不是。

蒙牛的创始团队成员邓九强先生给我讲过一个故事，对我触动很大。他说蒙牛销售额几十亿元的时候，牛根生提出了一个"百亿目标"，很多中层觉得老板疯了，这怎么可能？但牛根生坚定地执行了这个目标，并提出用 200 亿元销售额的资源去做 100 亿元的销售额。才两三年，蒙牛就做到了 160 多亿元销售额，超过"百亿目标"60 多亿元。

普天盛道咨询曾经服务一家区域中型奶粉企业，这家企业销售额不大，但是有 100 多个产品。我一次性就砍掉了 80 多个，同时提出聚焦战略，要将 2 个产品销售额做到 1 亿元以上。

当时大家都不相信，也不理解。我耐心做通了所有中层和决策层的工作。第二年，就有 2 个产品销售额破亿了，企业年销售额增长了 2 亿多元。

有些事情，企业往往不是做不到，而是没有雄心。

现在，奶粉行业已经诞生了百亿元级别的企业，距离 200 亿—300 亿元不远了。中国奶粉行业现在的市场总量大约 850 亿元（2015 年规模），很快就会超过 1000 亿元。而这三五年可能是政策调整最剧烈的几年，也是渠道深度分销最厉害的几年，同时也是对中小企业整合最残酷的几年。很多中小企业的婴配粉板块因为销售问题和政策调整，可能迅速从赢利变为亏损。

这还不是最重要的，最重要的可能是企业一旦亏损，银行就会给企业"断炊"，企业就会陷入资金链紧张或者断裂的境地。而资金链一旦有问题，就会给企业引来连锁反应，后果是难以预料的。

2000 年我们展望乳业的时候，没有人敢想象中国乳业销售额会达到 500 亿元、1000 亿元，可是今天中国乳业销售额已经达到 3000 多亿元的规模了；2000 年，没有人敢想象有奶粉企业可以做到销售额 50 亿元，可是今天已经有企业做到了 100 多亿元。

销售额 200 亿—300 亿元不遥远，五六年后我们再看。

当前的竞争状态是，外资中的惠氏和达能在争夺行业老大，一个代表传统渠道，一个代表创新渠道，惠氏略占上风但优势并不明显。国产企业则大多数还在内斗中，有的企业在多元化，有的企业在调整战略战术。

虽然注册制^①的风声搅乱了不少企业原有的战略进程，但 2016 年到 2017 年依然是布局的大好时机。

从我的观察来看，当前全行业仅有飞鹤的布局思路是正确的，最有发展机会，最有可能把销售额做到 200 亿—300 亿元。

所以，不要错过战机。这两年的发展决定未来十年的竞争格局。不信，你看看 10 年前的液态奶业，你再看看 15 年前的家电业。

历史是一面镜子，照照镜子就知道未来了。

（本文于 2016 年 5 月 31 日发表于乳业圈。）

---

① 婴配粉配方注册证书的有效期为 5 年。中国自 2016 年 10 月开始实施婴配粉配方注册制，2017 年下半年第一批婴配粉注册证书开始陆续发放。——编者注

第四章
中小奶粉企业不要气馁

市场格局越来越不利于中小企业发展，这是当前的表象，并不是本质。本质是，中小企业的发展过去曾经严重威胁了大企业的发展，而大企业今天还没有完全准备好如何淘汰中小企业。

在国家提出要创新、创业的大背景下，注册制出现，对中小企业的生存和发展是不利的。对于新进入奶粉行业的企业和中小奶粉企业来说，应该怎么办呢？

注册制确定要落地之后，普天盛道咨询不断接到中小企业负责人的咨询和询问。在此，我做一个统一公开的答复，希望能够给大家一点帮助。

第一，只要政策不强令停产，中小企业就会长久存在。

哪一个大企业不是从小企业成长起来的？随着政府越来越开明，中小企业会长久存在，不会因为政策短期的紧缩而改变中长期的趋势。

同时，虽然中小企业的实力小，但如果调整到位，战略策略得当，谁又能说它们未来不会成为大企业呢？

乳业内，蒙牛从第 1016 位到第 4 位，仅用了三四年时间。

是的，有人会说，此一时彼一时。但我觉得大家要发扬愚公精神，对"智叟"嗤之以鼻。只要坚持，最终就会产生意想不到的结果。

今日奶粉行业的伊利、飞鹤、贝因美、圣元等，哪一个不是从小发展到大的？每一个时间段都有当时的发展机遇，关键是你能否看到时机，能否抓住机会。

第二，中国市场需求多元，中小企业有机会。

中国市场是一个非常特殊的市场。

我常常给朋友讲，在中国的任何地方，只要画一个直径 3000 米的圈，都会存在人均消费 15 元到 150 元的餐饮店，这背后是不同层次的消费需求。这就是中国的市场特征。

奶粉市场虽然有其特殊性，但是在 2008 年[①]之后，多个层面的过度炒作，导致中国妈妈们对中国食品缺乏信心，成为惊弓之鸟。但在这背后，我们发现，很多市场的中小品牌依然发展得不错。我们曾经服务的陕西阳光宝宝奶粉，是个地方品牌，在陕西全省的销售额就曾经做到第一名，惠氏、美赞臣、伊利、飞鹤

---

① 2008 年，三鹿等多个厂家的奶粉被检出含有化工原料三聚氰胺。——编者注

等国内外的大小企业都拿它没有办法。原因就是"根据地思维",是消费者信任。这是普天盛道咨询在2008—2010年服务的一个经典案例,这个品牌经过两年多的发展,年销售额从4000多万元增长到5亿多元。

正是因为中国市场有多元化、多层次的需求,区域化的分割,中小企业才一直有自己的立足之地。

中小企业需要重新制定战略,做好品牌、产品、营销的策略调整。大家不仅要学会老树发新枝,而且有机会要另辟蹊径、直捣黄龙。

第三,要善于整合、联合,狭隘定会失败。

中小企业完全可以联合、整合,团结在可以团结的人或企业周围,重新制定策略、发展思路。

我们再看大企业,无论是国内还是国际大企业,都有自己的弱点和问题,也都有自己致命的缺陷。

《孙子兵法》云:"知己知彼,百战不殆。"中小企业不仅要明白竞争对手,还要明白自己是几斤几两。知人者智,知己者明。

2016年,中国有103家企业通过注册制,其中80多家是中小企业,这么多的企业难道会自愿退出市场?我想是不会的。大家都有一个共同的目标,就是做好产品,为中国奶粉市场的发展添砖加瓦。

我在上初中的时候,非常喜欢诗人汪国真。我记得他的诗中有一句是"既然选择了远方,便只顾风雨兼程"。这句话曾经激励了我。今天，我把这句话送给中国的中小奶粉企业家，希望大家不要气馁，要有耐心，要有勇气。

作为一个创业十几年的老创客，我坚持一个信条：成功者一定是坚持到最后的人！

（本文于 2016 年 6 月 23 日发表于乳业圈。）

第五章
中国奶粉行业整合前夜

迎着夏日扑面的热浪，我用两个多小时匆匆走了一圈上海婴童展的奶粉馆和食品馆。

总体就一个感觉：疯狂！

我走访了七八家熟悉的企业，得到的回答是：招商一般，看热闹的多。再走访了七八家根本没有听说的品牌，得到的回答是：招商非常火爆。问及注册制，知名企业很犹豫，因为政策监管的人为性极难把控；而那些从来没有听说过的品牌，大多信誓旦旦，说是过注册制完全没问题。

我明白，前者是朋友，讲的是真话；后者是陌生人，讲的是假话。从整体来看，除个别的几家品牌有些斩获，更多的品牌是来这里亮相，来证明自己是活着的。

"如果注册制没有我们的品牌，我们花四五十万元来参展岂不是太傻了？"这是我遇到的第一个回答。可笑的是，如同商量好一般，我在调研中收到不少于 10 条类似的回答，不同的是，有人说花了 30 万元，有人说花了 60 万元。

这水，看来很深。

我走出场馆，去到各种会议论坛，初步估计这次展览的大小论坛在 50 场以上。有个渠道商朋友说，他参加论坛都参加到恶心了！可见会议论坛之多。但有价值的论坛也就两三个。

不同的是，这次展览有不少经验丰富的人士出来站台。渠道连锁负责人是这次站台的主力，他们被重视的原因很简单，企业的销售目标都要靠他们。有个渠道负责人 3 天给 9 家企业站台。他对我说："没想到我这么有魅力！"

看着展馆内外奶粉企业的疯狂表演，我不禁想：到底是什么造就了这个疯狂？

从我的观察来看，参展的奶粉企业有 4 类：

第一类是证明自己江湖地位稳固的企业，比如惠氏、圣元、伊利、贝因美等；第二类是证明自己在进取的企业，比如益益美丽健、银桥阳光宝宝、人之初等；第三类是证明自己还活着的企业；第四类是想要赚投资款的企业。

从数量来看，第三类、第四类企业最多。从我掌握的信息来看，有不少品牌是要被淘汰的，但是大家还斥巨资把门店的负责人请到上海，吃喝玩乐的背后是销售打款。这类企业话说得妙，说得满。估计不少门店现场为了获得销售政策支持，花了不少真金白银。也有很多门店负责人一点也不冲动，委婉拒绝。

从这个角度来观察，这次疯狂的展览的确是奶粉新政后的一场大戏——不知政策何时会落地的品牌最后的放纵。

● 政策变化：猛虎下山和重重危机

在展览会前，我也走访了不少企业，征询普天盛道咨询参与策划的第三届婴幼儿奶粉战略论坛的话题，顺便了解一下大家前半年的发展。让人痛心的是，由于注册制迟迟没有落地，很多企业这段时间一直在惶恐中度过。现在大多数的中小企业仍然很惶恐，因为大家不知道最后自己能被批下几个品牌系列。

可以说，注册制对奶粉行业的影响，无论是短期还是长期，都比想象的更深远。

据我观察和了解的情况来看，在注册制确定要实施的过去半年内，中国国内中小奶粉企业的综合销售额下滑 30% 以上。而国内的大奶粉企业也并没有因此沾光，因为去年以来持续从严、从重曝光制度的实施，国产奶粉的标签、标识等非质量安全方面的问题被媒体持续放大和报道，导致国产奶粉整个阵营出现消费者恐慌，这打破了 2014 年以来国产阵营增幅较大、有压倒进口奶粉势头的格局。

2014 年国产品牌奶粉刚刚在产量上超过进口，但这细微优势在 2015 年被进口品牌奶粉反超。

2016 年，国内中小奶粉企业业绩下滑严重，大企业的压力也进一步增大。根据我的估计，销量下滑 10% 以上的企业会在半数左右。可以预计的是，进口奶粉会再次增长。

我在伊利集团的论坛上有个发言。我提出，奶粉市场上也有两只手，一只是看得见的手，一只是看不见的手。前者是政策，后者是市场规律。这两只手在 2008 年后对市场的影响都很强硬。可是，结果呢？今天的奶粉市场有数千个品牌，价格和价值都没有回归，从几近疯狂的展会管窥，这两只手都几乎失灵了。

2008 年之前，中国有多少个奶粉品牌系列？根据普天盛道咨询 2003 年以来持续调研的数据，2007 年中国奶粉市场的品牌数量不足 150 个，现在是 2500—3000 个。市场规律没有让品牌在这 8 年集中，而是让品牌更加分散；政策调控也没有让品牌数量减少，没有造成大规模的兼并重组，而是让品牌数量更多。即使注册制严厉执行，对 103 家国产和 74 家进口企业来说，理论上还会有 531 个品牌系列。这个数量也是 2008 年之前品牌数量的 4 倍左右。

注册制实施后，超过 2000 个产品要被立即"斩首"，要斩首的品牌也基本被确定，本来是压力很大的时候，我们却看到了一个不合时宜的婴童展。

我想，这正预示着一群视死如归的品牌的最后亮相。

10 月 1 日，新政会定局，到那时，奶粉界将是什么景象？我想一定是残酷的。

● 竞争核心：重兵压境和一线生机

今天的奶粉市场，更像是黎明前的黑夜。

有悲痛者、激动者、失望者，也有期待者和冷眼旁观者。

"老雷，某某品牌虽然是大品牌，但是毛利太少了，到我这里才 10%，虽然每月销售额 80 多万元，但我不想做这个产品了，你给兄弟指点指点？"

"老雷，某某企业实力太弱了，虽然产品毛利高，但我总觉得它的经营长久不了，它会不会最终被淘汰？"

"老雷，我以前只做进口品牌，做了七八个品牌，你一直指导我们要做国产品牌，现在我想做一个国产品牌，不知道有没有推荐的？"

在这次展览上，不少渠道商这样问我。

我给了大家一个基本性建议：首先，一定要做一两个高毛利的产品；其次，要做一个有发展的产品，如果这个企业在未来有巨大增长，你就能享受大盘红利；再次，要做一个有特色的产品，如果它成为黑马，那你就会名利双收。如果你做了三四个产品，就没有企业可以威胁到你，你就随时可以放弃任意一个产品而不会受伤。

树欲静而风不止。

有实力的渠道商从去年到今年，压力非常大，核心还是选择产品的问题。而这个问题恰恰联系着这个行业的整合。本来经过一轮的许可证审核之后，渠道和企业之间的关系已经相对平稳，可是 2015 年的高强度曝光和注册制的宣布，再次让这个本来已经平稳的奶粉市场掀起了冲天波澜。

任何时候，行业的整合都是从技术进步或渠道整合展开的。奶粉行业的技术进步暂时比较同质化，所以核心就在渠道整合上。家电业因为有了国美、苏宁，所以才有了第一次快速的整合；后来出了京东，再次出现新机会和新整合。渠道在家电行业的整合中起到非常重要的作用。

今天，婴童体系的奶粉销量已经超过了行业全年总销量的55%，打败了传统渠道，在 2015—2016 年，也有效地阻止了电商对其的侵蚀。这是因为，婴童渠道的最大市场在三、四线市场。传统渠道在这些区域经营死板，而电商在这里三五年内还无法下沉。

在我看来，大战在即。奶粉的整合大战，会在未来一两年打响。渠道成了香饽饽。

我在论坛上说：为什么去年到今年没有人再说电商会革了你们的命，为什么没有人说不做 O2O（线上到线下）你就会倒闭？因为市场的趋势和你们的努力拯救了你们。但这并不是说大家要躺着睡大觉，而是要拥抱互联网，将门店做成"互联网 +"，以自己的掌控为主。

我一直给行业的朋友讲——内、外资品牌的竞争主要就在三线市场展开。

惠氏、雅培、美赞臣、达能等外资品牌都想突破这个方向，而国产阵营在三线市场的防线布得非常密集。婴童店成了这个战线最重要的力量，谁争取到了它们的支持，谁的阵营就赢了。这是行业最大的风险，也是行业最大的机遇。

从当前来看，注册制将这个密不透风的阵线打开了一个小缺口，破坏了 2016 年可能出现的国产阵营对一、二线市场的反攻。短期来看，外资阵营是受益者，但如果国内大中企业能够快速对一、二线市场投入，打乱进口品牌的发展节奏，那么长远来看，三线市场上的国产阵营就会更强大，国产又是最大的受益者。

普天盛道咨询在 2008 年年底免费给行业做了三线市场阻击战的战略，当时说服了不少有思想、有魄力的企业参与三线市场保卫战。后来大家利用 2009—2010 年残酷的价格战保住了国产品牌的地盘，把外资品牌成功阻击在三线市场之外，最终造就了今天的奶粉阵营格局。

感谢那两年为了行业健康发展，也为了自身生存而拿出数亿元真金白银，为国产阵营付出的企业和企业家，感谢成千上万当时战斗在这个阵营一线的企业界朋友们，没有他们的睿智和坚持，就没有国产奶粉的今天。

今天，我们再次面临三线市场的防守战役。

不同的是，不少企业已经在欧洲、澳大利亚、新西兰、美国等国家与地区采购回来不少高精尖设备、技术与资源等，虽然这些企业的布局不被人理解，但在整个中国乳业缺乏顶层设计和支持政策的环境下，这也是自救之举。走出去成了很多企业必然的战略布局。

这虽然造成了中国奶粉行业产能过剩，却加大了国产品牌在三线市场竞争胜利的砝码。

过去 8 年，至少有 10 个国产奶粉品牌还在一、二线市场坚持。虽然过去 8 年它们都是亏损的，但它们不服输的个性和气节值得我们尊敬。我们对这些坚持的企业致敬。

坚持就是胜利。只要外资阵营突破不了三线市场，我想，外资品牌不断收缩就是常态。

冷眼观察：你打你的和我打我的

无论个人怎么折腾，市场都有自己的规律。

罗贯中在《三国演义》的开篇就把竞争的结果说得非常透彻："话说天下大势，分久必合，合久必分。"

今日之奶粉市场，无论是国外还是国内，大企业还是小企业，牛奶粉企业还是羊奶粉企业，生产企业还是渠道企业，竞争的根本都在于谁在博弈中具有主动权。

当前，根据我的观察，渠道的主动权还是很大的。尤其是最近几年连锁之风盛行，生产企业将团队和人马收缩后，企业和市场的联系就必须依靠渠道商。渠道商之间的竞争也很激烈，很多区域也有生死之争。这就要求渠道商要自我提升和改变，要和企业进行战略合作。

我们再看生产企业。大企业无疑有综合优势，但中小企业和新兴企业却有模式优势，如果战略调整得当，投入不错，我相信未来 3 年内中小企业中必定有黑马产生。

无论是渠道还是生产企业，在今天中国奶粉市场大变局下，都有整合的重大机遇。

小企业可以联合起来对抗大企业，渠道企业可以联合起来对抗生产企业，生产企业可以联合起来拆散渠道联盟，新的资本可以整合企业，其它行业可以跨界，新的模式可以落地。

在奶粉红海中，我看到的是——遍地都有蓝海机会！

不错，又是一次整合季。有野心的渠道商和生产企业需要注意以下几点：

第一，一定要认识到政策带来的大变局。

这次政策的变化和不确定性自改革开放以来非常罕见，可见政府部门对奶粉业的态度是要深度干预，并下重拳。如果意识不到这一点，就很有可能无法看到大势。

第二，一定要认识到三线市场是竞争的焦点。

你可以"一路打到汉城①"，但要考虑是否守得住胜利果实。你也可以"绕开马其诺防线②"，但一定要明白即使没有遇到阻碍，未来战争也会更残酷；一定要明白"土匪"可能也顽强。

第三，一定要利益驱动和品牌驱动两手抓，并且两手都要硬。

---

① 在抗美援朝第三次战役中，志愿军和朝鲜人民军突破三八线，攻克汉城（即现在的首尔）。——编者注
② 马其诺防线是第一次世界大战后，法国为防德军入侵而在东部法德边境修筑的防御工事。但第二次世界大战中，德军绕过马其诺防线，从北部入侵法国，马其诺防线沦为摆设。——编者注

　　如果你还梦想单纯的利益驱动，那你的企业注定做不大，也做不长久。对所有的生产企业来说，都需要回到品牌驱动和利益驱动的合作轨道上。

　　第四，一定要看清楚整合的深度和广度。

　　整合很残酷，是利益和机会的重新分配。不要抱有侥幸心理，要提前布局，提前找到自己的优势点，不可坐等良机失去，更不可坐等别人来宣布自己死亡。今天是市场和政策"两只手"同时作用，是国际品牌、国内品牌和渠道品牌共同整合，如果你还慢吞吞地做梦，那就估计永远也醒不了。

　　第五，一定要做好人才和团队建设。

　　很多企业过去几年的销售稳固和增长，根本不是源于企业的产品多么个性和创新，企业的品牌多么有吸引力，或者企业给经销渠道的利益多么让人动心，核心在于企业有一群战斗在销售一线的优秀员工。是他们最终支撑起企业的发展。

　　未来根本的竞争，最终还是人的竞争。

　　普天盛道咨询对奶粉行业有长期深入的研究，我们也将积极参与到这场整合的时代大潮中。

　　我们将和超百万战斗在奶粉一线的企业家、渠道商、销售人员、婴童店主、营养顾问共同见证中国奶粉行业未来两三年的整合和发展。

　　　　　　　　　（本文于 2016 年 7 月 22 日发表于乳业圈。）

第六章
奶粉大盘：是萎缩还是增长？

在 2017 年的奶粉市场上，除了个别企业表示自己有高增长，几乎 80% 的企业都在困惑销量的下滑和市场的萎缩。

前段时间，有位做经销商的朋友问我："老雷啊，为什么今年的生意这么难做？为什么周围所有的奶粉企业销量都下降了？为什么中小企业不思进取？"

他一连问我好几个问题，句句都问在关键。

市场的蛋糕还在变大

对奶粉企业来说，牵一发而动全身的就是销售。如果销售出了问题，那么企业的一切都可能发生变化。

对他的问题，我不好正面回答。于是就启发他："老王，你以前敢压货吗？敢压多少货？周围的经销商会压多少货？"

他是个生意精，一点就通。"雷总，你是不是想说销量的下滑和生意难做是渠道和终端不敢压货造成的？"我笑着说："是啊。你想想，前几年，渠道普遍压货在 3 个多月，按照现在市场规模 900 亿元算，渠道压货会在 200 亿元以上。200 亿元是什么体量？"

大多数对奶粉市场没有深入研究的专家和观察者，都在鼓吹中国奶粉市场开始萎缩了。

我觉得这是一个伪命题，是对中国奶粉市场规律没有基本了解的表现。

200 亿元的市场沉淀没有了，自然反作用于渠道和生产企业。

我的话提醒了这位朋友。他恍然大悟，继续问我："难道奶粉市场还是增长的？"

我确定地告诉他："是的。"

在整体消费升级的情况下，奶粉市场的增长其实是显而易见的。

根据普天盛道咨询的研究和预测，到 2020 年，中国奶粉市场的销售规模会在 1500 亿元左右，这个数据已经被国际国内大多数投融资领域和企业采纳。很多机构和企业的战略就是按照我们的这个预测制定的。

市场的萎缩是一种表象，是行业渠道清理库存造成的，而渠道清理库存的本质是注册制落地，大家不敢压货。

　　问题是，渠道的变化会不会导致市场发生巨大变化？答案也是肯定的。

　　例如，注册制实施后，奶粉市场上会有 1—2 个月的渠道压货很快实现，市场会突然增加 100 亿—150 亿元的销售额。

　　企业一定要抓住这个机会。问题是，你能抓住多少量？你准备好策略和方法了没有？

　　我想，多数企业是迷茫的。

● 市场的核心是什么？

　　很多中小企业在这一轮的奶粉战略变革中是被迫的。让我感到遗憾的是，很多中小企业不仅被迫变革，而且走上了错误的道路。

　　注册制实施后，中国奶粉市场规模品牌的数量其实并没有减少。

　　根据普天盛道咨询在过去十几年对奶粉市场的跟踪研究，原来那些小品牌的市场份额不足整体市场的 10%，市场规模估计在 80 亿—100 亿元。而通过渠道在过去半年的不断转换，这 80 亿—100 亿元的市场并没有出现空白，而是被国内和国际的几家大企业瓜分殆尽。例如飞鹤、惠氏等企业就在一线到四线市场取得了显著增长。

　　那么市场变化的核心是什么？

我曾向很多大企业强调，注册制实施后，品牌化运作将成为关键。

放眼市场，能够增长的企业，几乎都是过去两三年在品牌上进行了变革和投入的企业。

在混乱的年代，渠道为王是本质；而现在则需要"两条腿"走路，这"两条腿"就是渠道和品牌。

● 未来三年的布局关乎未来

未来三年的布局关乎未来，这不是危言耸听。

根据普天盛道咨询的一项调查，2017 年，销售额 10 亿元以上的奶粉企业普遍实现了 5%—10% 的增长；而销售额在 10 亿元以下的企业，超过半数出现了 10%—30% 的下滑。

为什么中小企业销量下滑如此严重呢？这是一个非常值得研究的话题。普天盛道咨询对此给出了 3 个答案。

第一，注册制下的企业产品线整合出了问题。

由于企业没有吃透政策，也没有很好地研究产品布局，导致很多产品进入市场后缺乏卖点，仅靠人力推动难以实现销量增长。

第二，渠道调整一错再错。

原来，有的企业是代加工制造商，有的企业是全国大包市场，有的企业分区域操作等。在市场发生变化的时候，不少中小企业看不到渠道的变化，不在本质上解决渠道问题，最后错过了调整的最佳时机。

第三，团队业务操作能力出了问题。

奶粉团队是中国快消品行业中最贵的团队之一。60% 的企业团队成员都在做兼职，这反映了企业管理的问题；50% 的团队对企业的激励不满意，这则是激励问题。

这两个问题很重要，但还不是最重要的问题，最重要的问题是团队的业务能力和操作手段没有随着市场的变化而升级。

第四，布局问题。

这是根本问题。是进还是退，是收还是放，这直接决定了企业的发展，也是战略落地的核心。

我们研究的十几家销量下滑的奶粉企业中，有八九家在市场布局和团队的融合上、市场布局和渠道的整合上问题很多。

🔵 奶粉市场江湖

3 年以后，市场上还有没有你？

我希望所有参与奶粉市场的企业家、职业经理人、业务人员都思考这个问题。穷则思变，变则通，通则久。

对很多企业来讲，是到了必须变通的时候了。

产品、品牌、渠道、模式、团队、激励、战略等，如果你的企业正在下滑，那就意味着你应该整合创新了。

贾谊在《过秦论》中说："灭六国者六国也，非秦也。"命运掌握在自己手里。我希望做奶粉的朋友们还能够坚持下去。

在任何市场的江湖中，只要活着，就有机会。

（根据雷永军 2017 年 9 月 18 日的一次客户沟通发言整理。）

第七章
新趋势下，奶粉企业该如何活？

贸易的本质，简单来说，涉及内部因素和外部因素。奶粉问题和贸易有直接的关系：一方面受国际贸易的影响，另一方面也受国内标准的影响。

这也是中国婴幼儿奶粉市场当前的大局——全球性影响和国内政策影响。

这些影响通过奶粉这一产品，从国家战略到行业战略，从企业战略到消费行为，与我们每个人都息息相关。

● 趋势：新动力正在发生

在中国的奶粉业态中，有国外的企业，有国内的企业；有干法生产的企业，有湿法生产的企业，还有干湿混合生产的企业；有销售额百亿元级的企业，也有五十亿元级、十亿元级，甚至千万元级的企业。

在这个市场，这些不同的企业该怎样找到自己的位置？

有些企业面临的是从大到强的问题，有些企业面临的是从小到大的问题，还有更多的企业面临的不是发展问题，而是生存的问题。这些问题该怎么去解决呢？

今天我们面临的奶粉趋势，和过去很不一样。

一般情况下，大家会从产品、价格、渠道、品牌、团队等多个角度，当然还包括政策影响综合去看市场的趋势。过去两三年中，大家深刻感受到政策对这个市场的影响到底有多大。这些因素共同的指向是什么呢？

我觉得，指向的是影响消费者。

因此，我们可以看到，市场上一些产品质量并不出色的品牌，却依然卖得很好。这是为什么？

为什么明明你的产品特别好，但是渠道和经销商却不愿销售你的产品？

我们把这些问题摆在大家面前，并找到了解决问题的答案，这个答案就是趋势。

除此之外，在对趋势的判断中，我认为还有两个方面需要注意。

第一个是新技术。

什么叫作新技术？比如今天那些做传统汽车产业的企业，就很头疼。在电动汽车逐渐成熟的今天，它们是要全部转型生产电动汽车，还是坚守传统燃油汽车？这就是技术对产业的革命。

记得我大学毕业的时候，用一个月的工资买了个摩托罗拉的汉显传呼机，2000多块钱，真的很贵。让人生气的是，不到一年，手机就普及了，不仅传呼机没有用了，连传呼台都很快退出了市场。

我们今天所处的时代是一个超速发展的时代，技术不仅有硬件，还有软件。

硬件我就不说了，大家容易理解，软件技术的更迭更容易让人疯狂。这些快速迭代的背后，一定会成长出几家对这个行业有颠覆性的企业。

今天，有不少奶粉企业做得很大，但在技术趋势面前，这些企业也是很脆弱的。

第二个是价值、需求和资本。

新的技术产生新的价值，新的价值会点燃新的需求。一旦新的需求产生，市场就成为资本角逐的战场。

大数据让商业的每一个行为和指令都趋于准确，也让资本对市场更有信心。比如，资本对婴幼儿食品产业的影响就很大。

前几年，大家都觉得婴幼儿奶粉没有投资价值，但是最近中信农业产业基金控股了澳优，为什么要控股澳优呢？澳优能不能快速做到80亿—100亿元销售额？从布局上看，是很有可能的，这其实就是趋势。资本也看到了。因此，与其说中信农业产业基金投资的是澳优的基本面，还不如说它投资的是澳优的趋势和未来。

类似的例子还有飞鹤从港股上市。越来越多企业开始和资本合作，并由此产生了对乳业具有决定性影响的趋势。

传统的、狭义的趋势分析，主要是对市场现状的分析。我们倡导的新趋势分析，则是关注企业的战略趋势及其多维发展的整合能力，包括市场上的新技术、新价值、新需求、新资本。

● 商战：该研究什么？

大家都说，"商场如战场"。

然而，《孙子兵法》中有个很多人忽略的核心思想，那就是"兵者，诡道也"。

竞争的本质在于要有目标性的指向，只要守住企业和做人的底线，尽可以去顺势、借势，甚至造势。

很多年前我曾撰写过一篇文章，题为《研究三个人，打败一家企业》，至今读来仍具有深意。这三个人指的是董事长、总经理和销售总监。

我们知道，市场每天都在经历激烈的竞争和无数的选择，而我们对趋势的判断，决定了我们在市场中的角色和行为。

因此，竞争的本质在于人们如何对市场现象的所见、所闻、所思进行判断，并最终做出决策。

如果一个董事长没有战略能力，一个总经理没有布局能力，一个销售总监没有执行能力，这个企业就一定会走弯路，效率低下，甚至倒下。所以，企业竞争的核心还是人的竞争。

战略这个词曾经很流行。我个人认为，从 19 世纪 80 年代到 2005 年前后，很多企业家都具备战略思维。但是，因为中国企业的中层还没有形成职业化阶层，所以很多战略难以落地。于是，有个人写了一本书，书名叫《细节决定成败》。这本书影响很大，以至于此后，很多研究战略、思考战略的企业家不再思考战略了，而是天天关注一些细节。奶粉行业中，这样的企业家可不少。

今天，我们经常遇见很多企业内部管理得一丝不苟，但就是不发展。这种现象在婴幼儿奶粉行业里非常多。前一段时间有一个朋友到北京拜访我，他履新了一家企业，我问他是否适应。他说，他就职后的第一个建议就是把企业制度尽可能简化。我问为什么，他说因为不改就没有办法工作，这个企业销售额才 3 亿元，却用着一个销售额 30 亿元企业的管理制度。

我呵呵一笑。

这是典型的小企业患上了大企业病，其本质是企业的战略不清晰。那么，在做战略的时候应该从哪里着手呢？

第一是舆论权，第二是标准权，第三是定价权，第四是渠道权。这是普天盛道咨询独创的"元规则战略"模型。

关于舆论权，我建议大家搜索一下婴幼儿奶粉的相关新闻。在婴幼儿奶粉领域位居前 50 条新闻之列，那它基本上就是一个好的企业。为什么？因为它明白舆论的力量。

众口铄金，积毁销骨。舆论的力量是强大的，它直接关系到一个企业在战略上是否能掌握主动权。

关于标准权，大家都知道，飞鹤和哈佛大学的一个部门合作创办了一个婴幼儿研究院，它对标准的思考方式就是战略性的思考方式。

有一次我和飞鹤的董事长在北京酒仙桥会面，他提到有和哈佛大学合作的想法。我说非常好，因为这既可以建立企业的标准权形象，又可以增进消费者对品牌和产品的信任。中国乳业一直受到个别企业干预标准的影响。问题是，有很多企业家看不上这类举措，因为它不如促销带来收益快。我想告诉这些企业家，市场上见效越快的方法，对企业的作用越不长久。至少，我们要有布局意识，要战略、战术兼顾，长期利益、短期利益兼顾。

关于定价权，五六年前，个别不懂市场的专家宣称婴幼儿奶粉市场要崩盘了，价格要降下来了，可是为什么说了这么多年价格都没有降下来呢？我想，是因为消费者有足够的购买力，消费者购买行为在变。

而且，这里面还有定价权的问题。

婴幼儿奶粉不断涨价，在过去10年是大企业操纵的结果，这种操纵导致想卖低价的君乐宝最终都放弃了低价操作模式。为什么呢？就是因为它在战略设计上想影响行业定价权，但当时实力达不到。

关于渠道权，大家最为熟悉。没有渠道权，企业的一切市场活动就没有开展的场地。

舆论、标准、定价、渠道，这是"元规则战略"的核心思维方式。

胜利的企业，这四条中肯定有一两条做得比较好；三条做得都好，那肯定是头部企业，或者是黑马企业。失败的企业，肯定至少有两条做得差，实际可能是每一条都做得差。

● 布局：要有定局思维

布局思维就是战略如何落地的思维方式。

今天，考虑一个企业的布局，尤其是大企业的布局，要考虑的要素比过去多得多。

首先是战略层面的布局，需要考虑全球贸易、国家政策、行业趋势、对手策略四个方面。

比如全球贸易。有个企业要到法国去建厂，在七八年前企业的负责人就认为法国的奶价相对平稳，不会有大的涨幅和跌幅，整体上会比中国低 25% 以上。当企业家用全球布局的思维去做决策的时候，布局才有前瞻性和竞争性。

比如飞鹤的广告语"更适合中国宝宝体质"。当一个企业做大了，就必须有做大的思维方式，它的广告布局也是求大的。而大企业的思维方式是类似的，这也是一种布局。

其次是战术层面的布局，包括运动公关、利益产品、故事品牌和根据地渠道。

秦朝的商鞅就采用了运动公关。商鞅在南门立了一块原木，宣布谁能把这块原木从南门搬到北门，就赏十金，可是大家不相信。最后奖赏涨到五十金的时候，有人说试试看，结果真的获得了五十金的奖赏。这个公关活动直接揭开了秦朝变法的序幕。这就是运动公关的魅力。

利益产品是什么？奶粉新政出来以后，很多品牌傻眼了，不允许说"GOS+FOS益生元的组合有益于肠道健康"，那你该怎么去和消费者沟通？该通过什么渠道把你的产品利益传递给消费者？这就是现在奶粉市场面临的一个挑战。

故事品牌很简单，比如，我们认识一个人，其实是从他身上的标签开始认识的，而每一个标签就是他身上的一个或几个故事。对一个企业或产品来讲，标签是什么？标签就是品牌概念。要构建这个标签，就需要品牌故事。飞鹤和哈佛大学合作，就是一个故事。

重点讲根据地渠道。

现在，有的企业的销售额已达五六十亿元、六七十亿元，它的根据地在哪里？一定是在河南、安徽、江苏、山东、四川、河北等人口六七千万以上的大省。这些核心市场是大企业的必争之地。

但是，如果你是中小企业，只有两亿元的销售额，但还在做全国市场，那你就很危险。

我们服务过的银桥阳光宝宝，在陕西市场占有率曾经达到30%左右。黑龙江的太子乐，曾经有一个很重要的根据地是海南省，据说也是非常强势。小企业如果没有根据地，或者最后在竞争中丢掉了根据地市场，那等待它的一定是销量下滑、亏损、被兼并，甚至倒闭。

不论你布的是天局、地局，最终一定要落到人局上。人的布局最重要。人到位了，其它都会到位。

🔵 市场：真正的竞争还没有来

所有奶粉企业都应该思考以下三个问题。

第一，如果你的竞争对手和资本联手了，你会怎么办？

婴幼儿奶粉市场最近再次得到资本的重视，中信农业产业基金就控股了澳优，这是一个信号。

未来，飞鹤、圣元、君乐宝等很多企业都要去资本市场，大家设想一下，当你的竞争对手突然有一天和资本联合，获得几亿元、几十亿元的投资用于市场，你该怎么做？或者对手企业上市获得资本联动，你该做什么？

我相信，奶粉行业仍有机会上演蒙牛成长传奇，也有机会上演小米成长传奇，普天盛道咨询也一直在为此思考和努力。

第二，当市场发生变化的时候，你能不能把这个趋势判断得很准确？

　　现在婴配粉市场的变化很快，而企业的布局需要具备一定的前瞻性。有一家企业在短短两三年内，销售额从 6 亿元下滑到了 2 亿元左右，原因就是它对市场趋势的判断有偏差，战略和战术都出现了问题。可它至今未意识到这一点，还在采取错误的模式。

　　这种情况，在婴幼儿奶粉企业中很普遍。这也就是很多企业遭遇的 5 亿元规模困境、10 亿元规模困境。看不清楚大势，你怎么可能顺势而为？

　　第三，当行业毛利从现在的平均 55% 以上降到 30% 的时候，你用什么方法做营销？

　　很多人都说婴幼儿奶粉市场竞争激烈，但我认为真正的竞争还没有到来。

　　为什么这么说？奶粉行业现在的毛利是 50% 到 70%，个别企业可能更高。这么高的毛利，竞争怎么能说激烈？几乎所有的行业，都是在毛利 30% 左右的时候，竞争最激烈，所以真正残酷的时刻还没有来临。

　　大家如果把这三个问题弄明白了，在市场上就不会出大的战略问题。

（本文为 2018 年 4 月 27 日雷永军在中国国际乳业合作大会上的主旨演讲。）

第八章
警惕：不少企业得了"渠道为王"症?

最近，我集中走访了六七家奶粉企业，发现了一个严重的问题：这几家企业都在疲于应付市场渠道的各种突发事件，而缺乏一个完整的渠道布局。

这还不是最严重的问题，更为严重的问题是，几乎所有企业都轻视战略，热衷于追求渠道的短期效应。这就是典型的"渠道为王"症，即吃渠道红利，忘记了企业的战略性布局。

15年前，家电行业就深陷这种症状，致使很多企业最后从巅峰跌入低谷。

渠道为王的现象于2000—2003年兴起，当时的背景是家电行业的渠道国美、苏宁发展很快，严重反制了家电企业的发展。在这种情况下，谁能和国美、苏宁捆绑，谁就获得了良好的发展前景。饮料行业当时也是如此，统一、娃哈哈等企业正是因为拥有强大的渠道分销网络，才得以高速发展。

经过这么多年的发展，渠道为王的经营思路开始渗透其它行业，并成为企业经营的一个重要理念。

可是，在 2009 年之后，渠道的分化非常严重，国美、苏宁的渠道优势已经不是那么明显。和很多家电企业不同，坚持自控渠道或自建渠道的格力，成为家电行业发展的楷模。

当然，我并不是反对渠道的重要性。

渠道很重要，这是毋庸置疑的。问题是，如果我们不能看到市场发展的趋势，而一味地透支渠道，那么结果一定是铩羽而归或陷入困境。

从 2010 年起，婴幼儿奶粉的渠道就有所变化。

2010 年，普天盛道咨询曾托管了圣元国际旗下一个子公司。我指导团队对其全面实操，从战略设计、战术落地等方面策划和决策。当时圣元董事长特别叮嘱我，要好好研究一下母婴渠道。为此，我走访了河南、安徽、四川三个省，得出一个结论：母婴渠道的最终核心在于去除中间商，直供门店。

因此，我给圣元子公司制定了三步走的规划。

第一步，在品类上布局，做五个系列单品。

第二步，在渠道上布局，将其中两个系列单品走传统渠道，另外三个系列单品直供终端门店。

第三步，分渠道招商，快速裂变。

尽管这个项目执行到第二步的时候被圣元集团收购，我们的很多战略未能完全落地，但我们对趋势的把握最终得到了行业的验证。后来，曾参与了战略制定的产品经理还对此惋惜不已。

那个时候，婴幼儿奶粉行业的"渠道为王"模式刚刚抬头。2010年可以说是个转折点，从2010年开始，婴幼儿奶粉开始转向了渠道推动。渠道推动模式让只有200多个品牌的婴幼儿奶粉在2015年最盛的时候达到了2000多个品牌，足足增加了9倍。

2010—2016年是奶粉行业渠道最为混乱的时刻。渠道唯利是图，让大多数做品牌的企业销量急剧下滑，新兴企业的销量下滑大半也与此有关。

虽然在一线市场占据主导地位的惠氏、美赞臣等企业采用品牌化运作，但全行业还是发出品牌根本不重要的论断。因为，那时候只要给渠道丰厚的利润，渠道就会接纳产品并将其推广给消费者，而且这种做法会迅速取得成功。

因此，谁还去做品牌呢？

2015年，普天盛道咨询提出，婴幼儿奶粉行业将从渠道推动模式转向品牌拉动模式。飞鹤、君乐宝等企业率先成为品牌拉动策略的践行者。它们用两年时间证明了品牌拉动的重要性。直到2017年，其它企业才开始跟进。虽然时机落后，但不少企业还是有一定斩获。

看着同行在品牌拉动上的快速增长，很多企业开始调整自己的发展策略，想从品牌上有所突破。可是，今天仍然有很多企业在品牌规划中落伍，或者过于追求技巧而放弃本质。

普天盛道咨询在 2017 年开展了一个调研，发现在全国销售额排名前 30 的企业中，有 25 家企业的品牌广告语不清晰，甚至有的企业品牌主张有四五个说法，品牌定位三四个方向也很常见。而销售额排名 30 名以后的企业，近 90% 没有品牌策略，只是一味地和渠道博弈。

这就是行业现状。这也是飞鹤和君乐宝最近 3 年快速增长的根本原因。

在君乐宝 130 元奶粉上市 1 个月左右，普天盛道咨询为君乐宝提供了一份战略诊断建议。我们并不看好互联网和低价的结合。我们建议，一旦互联网低价模式失败，君乐宝可立即转入线下，将线上品牌资产转化为线下品牌资产。君乐宝的总顾问同时也强调，品牌一定要做透，只有做透了才能发挥品牌的作用。这是他 40 年的奶粉战略经验，值得全行业学习。

飞鹤也是如此。最近 3 年它展开品牌立体攻势，软硬一起上，海、陆、空立体布局，已经完全从渠道红利转换成了品牌红利。最显著的结果是，高端产品快速增长，使得整体毛利率大幅提升。

"渠道为王"模式的底层逻辑是成本，品牌拉动模式的底层逻辑是消费者黏性。企业如果得了"渠道为王"症不能自拔，将会深陷成本竞争，最终失去消费者。

普天盛道咨询认为，未来 5 年，中国婴幼儿奶粉企业竞争的根本在于人才和品牌。这两个到位，渠道就没有问题；这两个有一个"瘸腿"或缺失，则渠道优势可能不保。

好在，"渠道为王"无底线时代正在结束。

（本文于 2018 年 6 月发表于乳业圈。）

第九章
警惕：这十类企业正在走进困境

婴幼儿奶粉这个行业，现在正在面临新一轮的变革。

对大多数企业来说，这个变革是被迫的，因此相对来说，大家的遭遇都是相同的。你看我，我看你，谁也不笑话谁。

◆ 从渠道推动到品牌拉动

从 2013 年奶粉新政实施以来，普天盛道咨询就密切关注行业的变化。跟踪两年政策之后，2015 年左右普天盛道咨询向行业提出转型策略：奶粉行业正在从渠道推动模式转向品牌拉动模式。

这是我们为行业提出的公开战略思路，但真正进行调整的企业并不多。因为大家习惯了渠道推动的发展模式，所以这个策略在 2015—2017 年间，只有个别企业采纳。直到 2018 年上半年，才开始有多数企业跟进调整。

现在不少企业正在调整，可是太晚了。战略机遇已经丧失，让人深感惋惜。

如今，只有个别企业在战略上真正从渠道推动转为了品牌拉动。这几家企业在 2016 年到 2018 年完成调整后，展现了强劲的增长势头，相信不少竞品企业已经领教了。

市场已经发生了深刻变化，我不担心这些快速增长的企业再次面对危机，也不担心这些企业会受外资品牌的打压，因为它们已经百炼成钢。

相反，我担心的是那些战略麻木，没有及时调整战略的企业。到现在，火烧眉毛了，还有不少企业简单地以为品牌拉动模式就是打广告。因此，它们的问题比我想象的还要严重。

普天盛道咨询认为，2019 年的市场态势有两个现状。

第一，在当前 100 多个奶粉企业中，有大约 50% 的企业在战略上已经完全处于劣势。

这些企业虽然还有毛利和净利，但是它们的反应很迟缓。在 2019 年，不少企业将受到国内大企业和快速发展企业的强大压制，同时由于国际大品牌进军三线市场，它们还将遭遇国际大品牌的打压。

在这两座大山面前，估计有不少企业很难撑得住。

第二，有相当多企业是温水中的青蛙，还在麻木等待。

当然，也有不少大企业没有看到战略机遇，如果这些大企业在 2019 年没有提出激进策略，那么 2019 年的竞争格局和竞争模式将会相对温和，不会有翻天覆地的变化，这些有问题的企业或许还有一年的缓刑期。

如果 2019 年三线市场战争全面打响，这些企业几乎一半要成为炮灰。

而现在的情况是，三线市场已经开始松动。

正在走进困境的企业

从战略层面讲，飞鹤、君乐宝、伊利已经启动调整后的战略，惠氏、达能也推出了新战略，雅士利、圣元、合生元、美赞臣、澳优、雅培等近 20 家企业也在调整和实施新策略。

时间已经没有多少了。

普天盛道咨询对 2019 年可能在竞争中受挫或陷入危机的企业进行了分类。我们认为，以下十类企业如果不进行有针对性的战略调整，在 2019 年它们的日子会很难过。

第一类：最近 2—3 年销售额已经下滑，但因为种种原因，没有进行战略、战术调整的企业。

第二类：最近 2—3 年销售额在增长，但是销量（吨位）下滑的企业。因为利润在增长，所以这些企业没有意识到市场占有率在下滑而没有进行战略战术调整。

第三类：最近 2—3 年销售额总量低于 3 亿元，但是却全国铺货，没有利基市场的企业。

第四类：最近 2—3 年销售不温不火，团队换了好几茬也没有解决增长问题，只换团队不换思想的企业。

第五类：最近 2—3 年销售额比较稳健，但是董事长、总经理、销售总监都思想僵化，远离行业，缺乏"狼性"，正在走下坡路的企业。

第六类：最近 2—3 年产品质量存在隐患，虽然检测没有问题，但是产品消费体验差，没有回头客的企业。

第七类：最近 2—3 年，虽然企业较大，但是没有从渠道推动转型为品牌拉动的企业。这类企业大多躺在多年来形成的渠道体系中吃老本，其实在 2018 年几乎没有增长，或者开始下滑。

第八类：最近 2—3 年，渠道盲目扩张或盲目建厂生产，导致公司现金流紧张，或资金链几乎断裂的企业。如果遇到残酷的市场竞争，这些企业根本没有资源抵挡。

第九类：最近 2—3 年，销售额小于 5 亿元，且没有强势区域根据地的企业。

第十类：最近 2—3 年，将企业的身家性命完全托付给大包商，到现在都没有品牌发展自主权的企业。

最后，讲讲婴幼儿奶粉行业和其它行业的不同。

婴幼儿奶粉行业有两个显著的特点，第一是不会因为促销力度加大而增加需求总量，第二是任何一个企业的增长都是以另外一个企业的下降为代价。

明白了这两个特点，就更容易理解为何这十类企业会出现挫折或危机。

（本文为 2018 年 10 月 17 日雷永军在中国奶粉市场战略破局总裁班的演讲稿。）

第十章
警惕：20 亿元规模企业不进则退

时间倒退到 2008 年。

那一年，是普天盛道咨询进入奶粉行业咨询服务的第 5 年，中国奶粉行业总销量 400 多亿元，国内三鹿、圣元、雅士利领跑市场，国际品牌则是多美滋、美赞臣、惠氏的天下。

这 6 家企业，当时估计销售额在 200 多亿元，市场份额超过 50%。

● 老大不好当

说句实在话，老大没有什么可怕的，老大也不好当。

在历史的洪流中，连续当了 17 年中国奶粉老大的三鹿在 2009 年退出了历史舞台，随后几年的外资老大多美滋则跌了一跤，至今还没有真正爬起来。2008 年前后，国产第一品牌三鹿的年产量是 8 万吨左右。多美滋下滑的时候，年产量在 3—4 万吨。这个事实告诉我们：在中国奶粉市场，无论是质量事故还是品牌乌龙，都有可能把一家企业带入万劫不复的境地。

几年后，贝因美登顶中国奶粉第一，但在 2014 年后却节节败退，2018 年创始人谢宏回归后才力挽狂澜。普天盛道咨询在 2013 年 1 月的经理人杂志上有篇专论《贝因美回归原点》，就预告了未来贝因美的下滑。

这个事实告诉我们：那些高速成长的企业，如果在某一个阶段后没有及时调整战略布局，重塑商业模式，优化组织结构，这个企业的销量快速下滑是必然的。

再过了几年，惠氏成为中国奶粉市场龙头，销售额突破 100 亿元，但问题是，惠氏在 2018 年到 2019 年增幅不明显。根据普天盛道咨询的研究，在 2020 年或 2021 年，如果惠氏没有进行根本的战略调整，它的销量甚至会迅速下滑。

这个案例告诉我们，今天的辉煌不代表未来，即使是已经多年占据行业第一、没有竞争对手可以撼动的企业，也可能因为自身的布局不当而被市场放大问题，最终成为发展的包袱。

小弟的哲学

中国奶粉企业从来不缺少神话。

2003—2008 年，圣元和雅士利就创造了高速增长的神话，它们的销售额在不到 5 年的时间里，从 3 亿元左右达到 30 亿元左右。如果按照今天的价格体系和会计准则，这两家企业都应当是销售额 100 亿元规模的级别，而 2008 年生产 8 万吨奶粉的三鹿，则是销售额 200 亿元规模的级别。

2009—2013 年的神话是贝因美和合生元，这两家企业一度高速增长。贝因美的情况不做赘述，合生元此后在产品结构和模式调整中出现问题，所以在 2013 年之后奶粉板块变得不温不火，丧失了高速成长机会。

2016 年之后的神话是君乐宝和飞鹤，现在更是如日中天，风头正劲。这两家企业面临的问题和之前的不少龙头企业类似，就是高速增长之后的战略提升问题。如果做到了头部，而不做稳固战果的策略调整，它们一定会在某个时间段快速下滑。这个周期问题，正在检验着企业领导人的智慧。

还有两家企业未来有创造神话的可能：一个是澳优，一个是宜品。澳优在布局上已经占据了羊奶粉三分之一的份额，是名副其实的"羊老大"，同时获得中信农业产业基金的加持，未来可期。宜品则正在布局，如果其它几个方面到位，有一定的做大机会。

而且，这两个企业都是牛羊奶粉并举、牛羊奶粉并重。理论上，它们都有登顶 100 亿元以上销售额的机会。

🔵 危机和机会

当下，大家关心的还是竞争中的危机和机遇。普天盛道咨询认为，奶粉行业正在走类似中国大家电的战略整合之路，呈现出两大趋势。

第一个趋势是品牌化成长。品牌化成长包括两个方面：一是大单品，二是企业成长以品牌拉动为主，渠道推动为辅。如果没有大单品，没有形成品牌拉动，那就不是品牌化成长。这两个指标是我们判断企业品牌化成长的底层逻辑。

第二个趋势是市场在快速集中。前两年普天盛道咨询给一些企业家讲这个理念，大家无动于衷，2018 年的市场变化应该给大家都上了一课。

我们看看大家熟悉的大家电行业。以空调市场为例，在单元机空调零售市场，格力的市场占有率接近 40%，第二名美的接近30%，接下来即使是海尔这种重量级的企业，也不到 8% 的市场占有率。行业前七名的市场占有率为达到了 90.2%。

中国婴幼儿奶粉行业的发展趋势与家电业相似。蒙牛、伊利类似家电领域的海尔，如果没有兼并，它们不一定能够在婴幼儿奶粉这个领域获得更快发展。未来包括国内外的所有品牌在内，排名前七八名的企业的市场占有率也可能会在 90% 左右。

这个趋势意味着当前销售额在 20 亿元左右的企业，未来都很有退出历史舞台的风险。

我们经常讲"道"，也就是规律。规律有大有小。大规律涵盖国际、国家和行业的趋势，小规律则涉及企业自身的发展路径和对市场的应对策略。

普天盛道咨询研究认为，销售额 20 亿元规模的奶粉企业普遍存在诸多问题，包括模式、生产工艺、资金、团队、品牌等。如果这些企业不能在短期内优化自己的体系，其发展很可能会迅速下滑。这就是大规律和小规律共同作用的结果。

行业大势已经不可阻止，我们能够做的就是改变自己。

对销售额 20 亿元级别的企业来说，唯一的战略方向是做大。只有做大，才有未来做强的基础。

对于销售额 20 亿元级别以下的企业，不要乱糟蹋有限的投入，如果没有好的后盾，那么就迅速收缩，在局部做强，做好准备迎接更加激烈的竞争。

还有人问，未来的市场有没有黑马？我的回答是，肯定有！因为婴幼儿奶粉行业到今天还没有完成格局定型，还没有低毛利，因此还有机会。

按照普天盛道咨询研究的元规则战略模型，行业中一旦诞生了年销量超过 10 万吨、战略上具有定价权或标准权的企业，格局就定型了。那时候就机会渺茫了。

从当前来看，大企业的战略还是过于短视，过于注重眼前销售额，而没有精心布局，所以中小企业还有机会。

（本文为 2019 年 2 月 10 日雷永军在客户沟通会上的发言稿。）

第十一章
2020 年的奶粉行业有哪些趋势？

最近，不少企业都在说 2019 年是婴幼儿奶粉行业的寒冬。行业有压力很正常，但"2019 年奶粉行业进入寒冬"的观点，我不敢苟同。

现在就是冬天，你走在大街上就会发现，同样温度下，有的人穿得薄，有的人穿得厚。为什么同样都是冬天，穿衣却因人而异呢？因为每个人对天气的感觉不同。

同样的，对不同的企业而言，感觉也一定是不同的。奶粉这个行业，你感觉它是冬天，别人看来却可能是春天，甚至有的企业觉得这是夏天。

● 奶粉行业到寒冬了吗？

观察奶粉市场的表现，我们就会发现，飞鹤、君乐宝都"穿着短袖、短裤"。为什么？因为它们正在进行婴幼儿奶粉行业整合的马拉松。

在我看来，前述寒冬论传递了两个信息：一是企业的压力比较大，二是个人的压力比较大。其实，在大整合的时间段，中型企业在战略上有很多机会。

我建议持有这个论调的企业脱下"羽绒服""大棉裤""雪地靴"，换上"短裤""背心""跑鞋"，加入奶粉行业的马拉松比赛。这样，你就不会感到寒冷了。

行业难做和行业寒冬没有因果关系。今天普遍性难做的感觉，其实给我们传递了一个更加明确的信号——行业处于整合期。

整合期是机会。

2015年我就向行业和很多企业提出，行业正在从渠道推动型转向品牌拉动型。可是行业普遍对渠道推动"中毒太深"。2019年感觉处境艰难的企业，基本都是中了这个毒。

这类中毒的企业有五个特点：战略缺失，懒于变革，缺乏布局，人才匮乏，决策缓慢。

任何行业的发展，都需要淘汰跟不上发展节奏的企业。我们不能因为行业竞争升维就判断行业进入寒冬了。

那么，我们如何判断一个行业是不是进入了寒冬？

需要两个基础标准，一是行业的毛利率急剧下降，二是行业的销售总量急剧下降，且这两个条件同时存在。

什么叫急剧呢？急剧就是突然下滑，让你来不及反应。2008

年就是如此，国产奶粉从全行业占比 70% 左右，一下子下滑到 25% 左右，这就叫急剧下滑。但那时也不能叫奶粉行业的寒冬，准确地说是国产奶粉的寒冬。

拿这两个基础标准来分析婴幼儿奶粉行业，就会发现中国奶粉市场其实还是个非常好的市场。你感觉难受，是因为你没有适应新的竞争格局。

我们能够看到，2018—2019 年很多企业进行战略调整，加大了对高端产品的投入，像飞鹤、澳优、合生元、君乐宝、圣元等企业，还在终端不断提价。这说明行业毛利率整体是上涨的。

其实，在过去的 10 年中，婴幼儿奶粉的毛利率一直是上涨的。现在主流的奶粉产品每罐标价都在 300 多元，成交价在 270—280 元。但在 2008 年可不是这样的，那时候主流产品成交价才每罐 150 元。也就是说，现在市场上每罐奶粉的价格几乎上涨了 90%。谁给了企业涨价的底气？那一定是消费者。消费者这么热烈地追捧高端产品，而且是全行业性的，怎么能说是寒冬？

普天盛道咨询在 2008 年年底到 2009 年年初，为几家企业制定了战略规划，提出通过降价"打价格战"的办法度过行业寒冬。当时，有一家企业的月销售额从 3 亿元一下子掉到了 3000 万元，那才是真正的寒冬。它就是通过价格战重回每月销售额 3 亿元。后来几乎所有的国产企业都参与了 2009—2010 年的残酷价格战。

那次价格战为国产奶粉实现了两个战略目标：一是稳固了国产

奶粉的基本销售盘。除了三鹿，国产大企业没有一个倒下，中小企业也仅有两三家倒下。二是构筑了三线市场的堤坝和堡垒，直到今天，惠氏、美赞臣、雅培仍没找到攻破三线市场堡垒的方法。

2019 年，我又建议几个国产奶粉企业家，投入两三亿元来探探一线、二线市场的模式，这样既可以积累经验，又可以扰乱或者彻底阻断进口品牌进入三线市场的步伐。

如果说婴幼儿奶粉行业销售总量在下降，这是事实；但如果说它是急剧下降，那就言过其实了。

中国是全世界最好的婴幼儿奶粉市场之一。原因有三：出生人口数量大、产品价格高、购买力强。在世界最好的市场上占有一席之地，我们没有理由说这个市场进入寒冬了。

🔵 中国是最好的市场之一

一些专家在谈论奶粉行业的时候，对 2019 年新生儿人口问题使用了"大幅下滑""断崖式下滑"等词语。我认为在最终数据公布之前，这样的表述很不严谨。而且，即使出生人口下滑，这也不是奶粉行业当前最重要的事情。

奶粉行业最重要的事情其实是以下两点。

一是几乎每一个企业都需要调整战略，从渠道推动模式调整到品牌拉动模式；二是奶粉行业正在产生自己的龙头企业，头部企业有达到 200 亿—300 亿元销售规模的机会。

可以说，任何一个奶粉企业家，如果看不到上述两点，基本上就已经被边缘化了。同样，如果看到了不去改变，那你其实就是企业发展的最大障碍。

新生儿人口下滑对奶粉行业有没有影响？答案是肯定的。但影响有多大？这就和每个企业的特点关联了。

当前的奶粉行业有几个特点，一是竞争压力很大，二是头部企业增幅明显，三是国产概念快速崛起，尤其是以飞鹤、君乐宝公司为代表的国内企业，发展很快。

不同的企业不仅对当前市场的判断结果不同，决策方式也不同。

2014 年君乐宝上市，几乎没有一家企业觉得它能成功，因为那一年也有人说"中国婴幼儿奶粉行业进入寒冬了"，很多企业也很悲观。

我很敬佩飞鹤和君乐宝的掌舵人。很多人问我为什么是他们成功而不是别人，我想有很多原因，但最重要的是，他们都始终坚信自己的模式可以成功。我和他们交流，从来没有听到他们提起"寒冬论"。

换个角度说，当竞争对手悲观的时候，你就有机会。

● 正确看待行业

婴幼儿奶粉行业从渠道推动型转向品牌拉动型，这一论断现在大家都认同了，但在 2015 年，很多企业并不认可。这一转型真正在市场上发挥作用是在 2017 年之后。

到 2018 年，不少企业已非常明显地感受到这个策略变化的影响，但是仍有一些企业没有作出改变。直到 2019 年实实在在、明明白白地看到行业变化的特点了，它们才想调整，但是已经错过了最好的时机。

消费者进店就指定要飞鹤、君乐宝、伊利金领冠等产品，这时候，你把促销力度放得再大，也影响不了消费者。

在这个大势下，2019 年哪些企业压力最大？我想就是销售额在十几亿元、二十亿元的中型企业。

我们经常说第一、第二名打架，第三、第四名容易受伤。因此，头部企业在增长，首先挤压的是中型企业的市场。

2019 年中型企业压力很大，有很多企业几乎没有增长。说到增长，我有必要提一下奶粉行业的一个特有现象。

有些企业从销售额上看是增长的，比如去年销售额 10 亿元，今年销售额 12 亿元，但实际上是下滑的。尤其是一些上市公司和由职业经理人管理的企业，普遍玩一个花招，如果销售额下滑，就和经销商达成协议，原来产品出厂给经销商是 80 元一罐，现在提高到 120 元一罐，多出来的部分以费用形式返给经销商。从企业的报表来看，销售额是增长了不少，但实际上却是下滑了。

2019 年有几家企业出厂价大涨，很多奶粉行业的人以为这个行业又发生了新的变化，其实那只是些小花招，玩弄的是股民，不是市场，所以我们要看清这个市场的本质，不要被浅显的数字弄花了眼睛。

决定企业市场占有率的因素是生产量。我知道有一家企业销售额 30 亿元，但是它的生产量吨位，比销售额 40 亿元的企业吨位还大。普天盛道咨询一直认为，一个企业的生产量决定着它的市场占有率。

举个极端的例子，我一罐奶粉卖 100 亿元，如果真的有人买了，难道这罐奶粉在中国奶粉市场的占有率就是 10% 了吗？显然这是不对的。

有些外资企业，销售额 80 多亿元，和国产销售额 40 亿元、50 亿元的企业的市场占有率是一样的。我们不能拿营业额去算市场占有率。

2020 年奶粉企业该干什么？

2020 年的确是关键的一年，我有一个预测，那就是 2020 年之后奶粉行业的基本格局已定，行业很难再有黑马的机会了。

过去 5 年君乐宝是黑马，原因就在于抓住了渠道推动的大趋势，入局后又快速从渠道推动转型品牌拉动，所以持续增长，成为黑马。

2020 年行业变化之后，品牌企业将会获得 85% 左右的市场份额，无品牌企业、小企业会进一步遭受挤压，这是行业大势。但我们仍然要从压力中看到机会，在缝隙中找到自己的成长空间。

首先，我们说说小企业面临的挑战。

　　2019 年一轮竞争下来，飞鹤的增长、君乐宝的增长，挤压的其实是中型企业，所以 2019 年中型企业很难受。

　　奶粉行业有 100 多家企业，中型企业有 20 多家，如果其中有 10 家在 2019 年进行了战略调整，准备在 2020 年大干一场，那么小企业的压力就大了。想象一下，大企业要大干一场，中型企业也要大干一场，很明显小企业会受伤。

　　可以预见的是，2020 年之后的几年，行业将会有更大变化。在这里，我要给小企业提一些建议。

　　第一，中国奶粉小企业普遍存在的首要问题就是无战略。

　　很多企业把行业的机遇当成了自己的能力。但是，行业经过一轮竞争后，在战略布局、战术运用甚至用人上，都对企业有了新的要求。行业从渠道推动向品牌拉动的转型，意味着从硬性的渠道让利转变成软性的吸引消费者。

　　第二，小企业的企业家普遍保守、自大。

　　的确，君乐宝获得了河北省政府的大力支持，但这并不是君乐宝成为黑马的关键因素。我们应该看到，君乐宝发展起来，是行业转型机会、团队、资源、模式以及企业家远见综合作用的结果。如果你没有那样的格局和远见，政府支持你 10 亿元，结果肯定是花光了但没效果。从这个角度来看，中小企业已经到了必须重塑企业内部的战略、文化的关键时候。

　　第三，奶粉行业发展到 2020 年将迎来一个新的变化周期，几乎每一家企业都需要在管理上进行一次升级。

飞鹤要做销售额第一，君乐宝要做市场占有率第一，惠氏达能要下沉三、四线市场，国产要上升一、二线市场，估计伊利也在计划做行业第一，这都是行业布局的大势。这个趋势对几乎所有中小企业在战略决策、管理等方面提出了更高的要求。

核心要求有两个，一是重新设计内部管理模式，并确保重新设计后简单有效；二是很多中小企业面临必须淘汰现有团队的情况。有些企业前两年已经做了这个工作，这是可喜的，来年可以大干一场，但有些企业还没有改革，或许到来年中期才会意识到这一点，但那时它们压力会加倍。

很多中小企业这几十年做不大、做不强，问题很可能出在销售总监、总经理、董事长身上，他们可能是公司发展的最大障碍。有句话讲："不换思想就换人。"首要的是换思路，一旦做不好，就要立即换人。

很多小企业面临这样的问题：改革可能会失败。但我要说的是，不改革肯定会失败。

其次，我们说说中型企业面临的挑战。

中型企业一旦悲观，肯定失败。

中型企业与小企业不同，它们有自己的资源，自己的团队，自己的工厂，自己的产品，它们的机会好像很多，但是压力也非常大。因为小企业要发展首先就要进攻中型企业，大企业同时也在挤压中型企业，可以说 2020 年中型企业是腹背受敌。

但我们不要惧怕竞争，因为中型企业只要抓住核心的一两次机会就会迅速跃升。

两军对垒勇者胜。官渡之战是历史上中型企业打败大企业的经典案例。中型企业曹操与大企业袁绍的兵力相差好几倍，天时地利都不占上风。但谋士郭嘉谈了曹军的十胜和袁军的十败，从气势上、逻辑上、宣传上统一了曹军的思想，把大家从低落、消沉的气氛中拉了回来，才有了经典的官渡之战。

统一思想是 2020 年中型企业必须要做的事情。一定要摒弃公司内部的消极思想，如果做不到，2020 年必然失败。这个失败，我认为不是飞鹤、君乐宝这样的大企业打败了你，而是你自己打败了自己。是你的战略不行、思想不行、团队没有必胜的信心葬送了你。

最后，我们来谈谈大企业面临的挑战。

先说外资企业。外资企业在进入三、四线市场的过程中，表现并不理想，为什么呢？因为外资企业喜欢西装革履地走进这个市场，和经销商侃侃而谈国际趋势、国内竞争，不接地气。而现实的中国婴幼儿奶粉行业中，三、四、五线市场有 70% 是要用接地气的方法去谈的。

2020 年也是外资企业的决战年，要先把自己的一、二线市场守护好。

2009 年，普天盛道咨询发现国产奶粉在战略上有一个致命的漏洞——一旦外资企业快速进入三、四线市场，推出低端产品，只要生产量能跟上，国产企业就会被大面积挑翻。当时三家企业有大机会，分别是雀巢、多美滋（多美滋当时还是外资企业）、惠氏。我们紧急和几家国产奶粉企业管理者交流，让他们护住国产阵营的盘子，通过价格战将外资奶粉阻击在三线市场之外。我给这个战略起了个名字叫"筑堤坝、护盘子战略"。因为这个时候国产奶粉中还没有诞生领头企业，不打价格战，就可能会大面积丢失市场。很多企业采纳了我们的建议，于是行业在2009—2010 年，打了整整两年的价格战。大面积的让利，让我们护住了国产三、四、五线市场的盘子，筑成了三线市场的堤坝。

如今这个策略过去了 10 年，普天盛道咨询仍然一直告诫企业，一旦三线市场丢失，国产阵营就丢失了。在这一点上，我们要感谢现在深耕三、四、五线的飞鹤、君乐宝、圣元、伊利、贝因美等企业，是它们的坚持让三、四、五线市场密不透风，让外资企业无法插足。

而对于国产奶粉企业来讲，有机会就一定要到一线市场去，不去一线市场，就不能完胜外资企业。

我把竞争的胜利分为三类：局部胜利、阶段性胜利和完全胜利。什么叫完全胜利？完全胜利就是把你的对手打得不能翻身，或者在非常长的一段时间内，没有反攻的可能。中外对垒，未来一定是排名前五的企业实力角逐。

奶粉行业一直存在一个问题，即各领风骚三五年。做过龙头老大的企业太多了，我认为只有在战略上完全胜利，才能真正成为龙头老大。

就像格力，全球市场占有率在 20% 以上，国内估计在 35%

以上，这才能说是相对完全胜利的。

🔵 关键词是"竞争"

我认为，2020 年奶粉行业的关键词是"竞争"。

优雅地品着咖啡，或者喝着茶，在市场上不和竞品有任何冲突的增长方式不再有了。

可以说，不论你愿意不愿意，你已经成了别人的竞品。也可以说，不论你愿意不愿意，你都必须加入这场竞争。因为逃避或者落后，等待你的都是退出市场。

当然，竞争来了，大家也不要悲观，因为竞争才是正常的市场状态。因此，企业中低层可以说行业进入寒冬，但董事长、首席执行官、销售总监不可以这样说。因为董事长是帅，首席执行官是指挥打仗的将军，销售总监是战术指挥官，如果元帅、将军和指挥官都没有必胜的信心，口出悲观之语，那是要动摇"军心"的。

这个行业最大的变化就是从渠道推动变成了品牌拉动，如果企业还在用渠道推动的方式做市场，那销量是一定会下滑的。如果企业已经转变成品牌拉动的模式，那么就一定要在战略、战术上多琢磨，不要发没有价值的狠力，不然浪费的不仅是金钱，还有时机。

（本文于 2020 年 1 月 2 日发表于乳业圈。）

第十二章
奶粉行业：下一个红利是什么？

最近，一直有人在讨论，奶粉行业还有没有红利？下一轮的红利是什么？针对这两个问题，行业一直有争论。

综合各方企业、团队和专家的观点，大家普遍认为中国奶粉行业已经没有红利了。这个观点似乎在行业内逐步成为统一的认识。对此，乳业圈访问了对中国奶粉有长期研究的普天盛道咨询创始人雷永军先生，听听他的观点。

● 过去 15 年都有哪些红利？

问： 雷总，您认为中国婴幼儿奶粉行业有红利期吗？如果有，能否回顾一下中国婴幼儿奶粉行业的发展红利？

雷永军： 当然有。中国奶粉市场在 2020 年前的 15 年里，一直处于不同时期的红利期。在谈当前红利之前，我们先回顾一下这个行业过去 15 年的发展。

第一个是卖点红利。这个从 2005 年开始，大约持续了 10 年，只要营养素有变化，都会促成一轮价格的上涨。

第二个是母婴渠道红利。这个从 2010 年开始，也大约持续了 10 年，新生的母婴渠道"抢夺"了超市的生意，让多品牌策略和制造商代加工产品遍地开花。

第三个是消费升级红利。这个从 2003 年左右开始，奶粉价格从每千克 100 元跨越 200 元、300 元、400 元，现在飞鹤星飞帆、惠氏启赋等高端产品每千克售价都在 460—490 元，而且中高端产品在最近七八年里占比从 20% 达到了 60% 以上。

第四个是政策红利。这个红利有两轮，第一轮是 2013 年的兼并重组，第二轮是 2017 年的注册制开始实施。注册制实施至今 3 年，让原来销售额 20 亿—40 亿元级别的企业迅速拉开了差距，同时导致了外资企业增长几乎停滞。飞鹤、君乐宝、澳优的发展，都是在这个红利期完成了战略布局。

第五个是品牌红利。2003—2008 年我们曾经有过第一拨品牌红利，当时有圣元、雅士利的崛起。2009—2015 年，品牌红利被渠道红利稀释。第二拨品牌红利从 2016 年开始，到现在还在持续，估计还会持续 3—5 年。普天盛道咨询在 2016 年左右提出"中国婴幼儿奶粉行业正在从渠道推动变为品牌拉动"的论断，其实就是在宣布品牌红利的到来。

组织赋能红利元年

问：2020 年后，中国奶粉市场发生了一些变化，品牌红利还在如火如荼地进行，请问，中国奶粉市场还有别的红利吗？

雷永军：本来，普天盛道咨询在今年北京婴童展期间计划召开一个奶粉论坛，我们的主题也选好了，叫作"2020，组织赋能红利元年"。这是我们在 2010 年提出"渠道推动红利"和 2016 年提出"品牌拉动红利"之后，再次提出行业发展的模式问题。

我们为什么会有这个判断，认为中国婴幼儿奶粉迎来了"组织赋能红利"？因为这是我们在 2019 年研究了多家快速发展和发展停滞的奶粉企业后得出的结论。

综合这些企业的产品、品牌、渠道、战略等多个因素，最后我们发现，在品牌相当的情况下，组织能力在企业跨越式发展中起着非常重要的推动作用，而且企业之间的组织能力差距非常大。

一个优秀的企业，它的组织能力不仅体现在发现人才，更在于有效使用人才。那些拥有天下最优秀人才的企业，如果组织没有活力，这些人才也可能被埋没。相反，那些组织能力强大，具有学习能力和赋能迭代的企业，会激发团队和个体的能力，让策略和市场落地。

🔵 跨越式发展的钥匙

问：您能谈谈组织红利和市场的关系吗？

雷永军：在中国奶粉行业，组织建设有两个极端，一个是人才流失率非常高，另一个是人才新老更替非常差，人才老化严重。这都是缺乏组织战略和组织战术设计的表现，这两种极端，正是企业发展的大障碍。

第一，先有组织文化，才有战略设计。

今天市场的发展已经要求企业必须进行组织变革。从一个专业的咨询公司的角度来讲，组织文化至关重要，我们甚至认为，组织文化是企业战略的原点。

在一个企业中，所谓战略的核心基因是什么？是"不服"。如果一个企业没有了这个基因，它的战略就是一句空话。而"不服"这个基因，其实就是组织文化。

第二，先有组织方法，才有发展希望。

在一个组织中，帅怕愚，将怕私，兵怕怯。

当企业家的年龄大了，思想落伍了，企业如何应对新的形势和快速竞争？我想，一方面是寻找接班人，另一方面是寻找职业经理人，而要把其用好，组织的能力起着重要作用。这是今天阻碍不少中小规模企业发展的根本原因。

当然，也有人会问，为什么将怕私呢？因为私心蒙智。兵的怯懦，本质是军心问题，而军心问题其实是组织方法问题。

第三，先有组织改革，才有组织红利。

在这里我主要想给组织能力差的企业提三个醒：一是一定要改革，要尽快改革，跟上市场发展，不要侥幸；二是一定要寻找适合自己产品、品牌、战略等的组织方式，不要照搬任何一个企业的模式；三是一定不能用休克疗法，几乎所有组织的休克疗法都是失败的。

所以，我们一方面要大力改革，一方面又要防范脱离实际盲目改革。

（本文于 2020 年 6 月 16 日发表于乳业圈。）

第十三章
陷入困境的中小企业该怎么办？

　　对于奶粉行业的中小企业来说，过去一年（2019 年）真的太难了。

　　不仅业务员约不上经销商，甚至有的中小企业的销售总监都无法和客户正常交流，这就是所谓的招商难。对于消费者来说，品牌的作用越来越显著，中小品牌正在因为品牌力的下降而被消费者遗忘，这就是所谓的销售难。雪上加霜的是，中小企业因为市场管控能力弱，产品居然还成了窜货的重灾区，这就是所谓的市场管控难。门店不受企业控制，一旦销售不畅，则迅速甩货形成价格崩盘，这就是所谓的价格体系失控。

　　问题很多，让人很焦虑。

　　针对这些问题，乳业圈访问了普天盛道咨询创始人雷永军先生，看看他有什么观点可以让中小企业借鉴。

● 奶粉企业太难了

问：雷总好，我们最近在走访市场时发现了几个现象，第一个是不少中小奶粉企业招商难，第二个是不少奶粉品牌终端销售难，第三个是不少企业展开了各种各样的降价模式。您怎么看待这些问题？

雷永军：这三个现象并不是最近才出现，其实在去年第四季度就比较明显了。

我们先说降价。

去年年底的时候，君乐宝率先搞免费送活动，表面看这是个大力度的促销活动，其实本质是去库存，是短期内另一种方式的降价。

终端销售难的问题，更多的是策略选择问题，多数企业都没有意识到这个问题的根本，以为是投入问题。最后投入加大了，乱花钱还是没有效果。

产品好不容易铺货到终端了，却没有销售，多数时候是终端没有主推。终端为什么不去主推呢？一般存在三个问题，一是窜货，二是综合利润不高，三是产品没有个性。

这些问题综合到一起，就具体表现为招商难。

● 中小企业需要脱胎换骨

问：中小企业发展艰难的原因是什么？

　　雷永军：我们在几年前就告诫中小企业，应该全局化地审视自己的业务，大多数企业都需要重新设计自己的战略布局和战术执行，甚至包括团队和组织激励。

　　可是，中小企业的当家人一般根本不采用这个系统性的策略，他们还是喜欢粗放模式，不断开拓，不断受阻，完全没有策略，决策全靠拍脑袋。

　　这种战略战术和组织在过去或许可以带来一些成长，现在却基本失灵了。因为现在的竞争方式发生变化了。

　　2015年后半年，我就告诫之前服务过的所有奶粉客户，行业竞争将从渠道推动型转变为品牌拉动型。没有想到的是，这种前瞻性的观点多数企业听不进去，今天中小企业招商难的果其实是几年前就种下的。

　　经销商看不到你的企业的未来，怎么可能和你一起战略前进？门店看不到你的产品的策略，怎么可能会将你主推？消费者看不到你的产品和品牌的吸引力，怎么可能有良性的销售？

　　这个问题看似简单，其实是个综合性问题，需要企业脱胎换骨的改变。说得直白点，就是很多企业在改革的时候，没有去做这个动作。

　　问：脱胎换骨是不是休克疗法？实施起来会不会很难？

　　雷永军：脱胎换骨更多的是思想和策略，脱胎换骨和休克疗法没有因果关系或从属关系。

　　我本人是非常反对在企业中推行休克疗法的。多数情况下，企业的战略发展需要高效的渐进策略。

在奶粉企业，一个战略调整的周期往往需要 6—9 个月才能发挥作用。

普天盛道咨询在 2008 年曾服务陕西银桥乳业的阳光宝宝奶粉，这个项目现在可以解密了。当时我们用了三四个月调整品牌关系、品类布局、渠道模式和根据地战略等，从第五个月起，调整的结果就在市场上显现成效。在一年时间内，我们成功打造了两个销售额达亿元的品类。两年时间内，阳光宝宝的销售额就从当初的 4000 万—5000 万元规模，增长到超过 5 亿元，实现了约 10 倍的增长。

这对阳光宝宝来说，的确是脱胎换骨了，而且我们是在产品配方没有多大变化、团队没有多大变化、公司各个层面没有太大调整的情况下取得这一成绩。我们没有进行休克疗法，只是在战略布局和战术打法上进行了调整，只是产品卖点和品牌策略变了，只是终端的布局和推广活动变了，就取得了如此显著的成果。

现在的问题是，许多中小企业倾向于掩盖问题，让销售、市场、品牌、产品、渠道、公关、团队、推广等方面的隐患隐藏在看似亮眼的销售数据后面。有时候企业的数据可能还不错，但潜在的问题却可能越积越多，最终引发更大的危机。

我们曾经跟踪过一家企业，其销售额在 5 年间持续增长，虽然增速缓慢，但是董事长还是比较满意的。有次我们进行会谈，企业董事长告诉我："毕竟没有下滑嘛！"我对他说："你企业的销量已经下滑了！"他说："难道你比我还熟悉我的企业？"我说："过去5年，你的高端产品比例从10%增长到60%，低端产品也涨了不少价，是不是？"他说是的。我说，那就对了。我让他回去问问生产负责人，就会发现，产量下降了不止30%。

　　他是明白人，一听就清楚了。问题是，他从来没有从这个维度去看待自己的企业和行业的关系。因此，他也错过了5年的奶粉行业红利。

● 当前问题更多在高层

　　问：的确，这个挺遗憾的。那么作为中小奶粉企业，我们应该如何去应对更加激烈的竞争？

　　雷永军：对中小企业而言，今天最大的问题已经不在销售总监、市场总监或一线团队了，我觉得问题可能多数出在高层。

　　为什么这么说？因为当前很多企业的问题不是战术问题，而是战略问题。四五年前，我给南方的一家企业讲课，我说，在中国，做得好的企业多数是因为有好的团队和员工，做得差的企业多数是因为有差的董事长或总经理。现场二百多人愣了一下，董事长也愣了一下。讲到这里，我故意停顿了一下，董事长尴尬地第一个鼓掌，然后礼堂爆发了雷鸣般的掌声，持续了一分多钟才被我叫停。

这个董事长后来成了我很好的朋友。他说，现在一旦进行重大决策，他就想到了我讲的这段话和那个让他醍醐灌顶的时刻。

真实的情况是，许多奶粉企业的董事长、总经理不研究业务，却又高高在上凭经验或感觉做决策。一旦决策失误，公司内部也无人敢提出不同意见，最后导致在错误的道路上越走越远。

现在，很多中小奶粉企业的问题已经暴露出来了。如果还不去进行战略变革，那就会"病入膏肓，无力回天"。其实，行业现在已经进入了淘汰游戏。

有一家企业，销售额不低，但它的渠道、团队、布局、品牌关系等方面都存在着严重问题，只是因为经营时间长，所以还有一定销量。我们发现它的经营有不少致命漏洞，经销体系很脆弱。如果有企业将其列为直接的竞争对手，很容易被抄底。于是，我很礼貌地提醒这个企业的董事长，应在稳定团队、稳定经销体系的前提下尽快解决这些问题。

可是，这家企业还是使用了激进的策略和办法。从经验来看，问题很可能在接下来的半年内爆发，如果调整不当，这家企业或将消失。

问：那么，我们应如何告诫企业家和职业经理人，让他们少走弯路？

雷永军：在中国奶粉行业中，很多企业都是在头破血流、屡屡碰壁后才思考改变方向的。当然，也有个别企业把南墙撞倒了。

很多年前，有人说因为光明、三元、银桥等企业的表现太差了，所以才成就了蒙牛的高速成长。今天，也有人说，因为某某太差了，所以才成就了飞鹤和君乐宝的高速成长。

我觉得这样说有些不妥。别人的发展是因为别人比你看得远，看得准，敢行动，敢投入。我们只有承认现实的不足，才能找到差距，找到我们自己的机会。

我觉得有三个问题需要企业家和职业经理人特别注意。

第一，放下架子，放下身段，到一线去。看看竞争的格局，看看自己的差距。只有放空内心，你才能接受新事物、新观念、新方法。

第二，职业经理人一定要为企业负责。奶粉行业职业经理人风气很盛，但是职业性还有待加强。中小企业的经营漏洞普遍很大，很多企业都没有完整的经营流程，董事长和总经理在经营和投入上如同"睁眼瞎"，完全依赖个人良心管理，这为很多职业经理人的腐败提供了温床。其实，更可怕的是腐败给企业造成的致命伤害，甚至可能危及企业的生存，这才是最让人担忧的。

第三，在渠道推动转向品牌拉动的大环境下进行战略变革。每一个企业的发展，都有时代赋予它的机遇。时代变了，就一切都变了，一定要从自身去找问题，根据自身的问题调整战略、战术，调整团队和组织，这样才有希望。

（本文于 2020 年 7 月 10 日发表于乳业圈。）

第十四章
窜货：会要了奶粉企业的命！

窜货是一个非常棘手的问题，在市场竞争日益激烈的今天，窜货更是衡量整个渠道对企业或品牌信任度的标尺。有企业因为窜货，导致数十家经销商集体反戈；有企业因为窜货，更换了核心经营人员；有企业因为窜货，产品被门店清扫出门。

普天盛道咨询是第一个为奶粉企业研究窜货问题的咨询机构，乳业圈采访了其创始人雷永军先生，我们听听他对窜货问题的见解。

奶粉行业的窜货历程

问：雷总好，不知道您是否关注到，澳优佳贝艾特在 2020 年上半年的窜货非常严重，而且我们发现，佳贝艾特不是个例，窜货在奶粉行业比较普遍。您如何看待这个问题？

雷永军：行业窜货现象严重，这个情况我们在 2020 年上半年走访市场的时候就注意到了。

2020 年的窜货呈现出范围广、品牌多、不可控、危害深的特点。窜货有针对消费者端的门店社群和针对企业端的应用程序平台，规模都不小，对企业影响很大。

我是在 2004 年开始关注并研究奶粉企业的窜货问题。可以说，窜货问题始终伴随着奶粉行业的发展。

当时，三鹿、伊利等热销产品都是窜货的热门产品，形式多为内部业务人员利用投入倾斜的差额倒货，在经销商那里拿点好处，规模小，影响弱。

2010 年之后，奶粉产品价格不断提升，行业毛利普遍加大。这个时候的窜货，很多经销商开始参与其中，甚至和业务人员勾结形成联盟。2012 年之后有几家企业的业绩快速下滑，内部窜货就是重要推手。不过，由于行业当时整体仍处于增长状态，影响还不是很大。

2017 年之后，注册制落地，品牌驱动逐渐代替渠道驱动，再加上消费者向头部企业、专业性企业集中，导致渠道经营缺乏稳定性和长期战略性，因此新的窜货发生。这个时候的窜货对企业有致命影响，有几家企业无论从品牌、产品、投入等方面来看，都具备 40% 以上的年增长潜力，但结果却不增反降，核心原因就是窜货导致的市场混乱。尤其是 2019 年之后的窜货，严重扰乱了经销商和门店的利益体系，对企业造成了巨大冲击。个别企业因治理不了窜货，导致经销商和门店集体抛弃了品牌。这也造成了婴配粉行业特有的一个现象：消费者还喜欢这个产品，可是经销商和门店却联合抵制，不再销售这个产品了。

● 当前窜货的特点

问：是的，我们曾走访过一家经销商，它原本是一家企业的大客户，但是却决定明年不代理这家企业的产品了。究其原因，是这家企业的管理太差，无法保障经销商的利益和发展。此外，很多渠道对产品都是短期经营。那么渠道的短期经营问题是怎么造成的呢？

雷永军：渠道的目标就是要赢利，虽然这个赢利包括短期利益和长期利益，但是渠道的依附性决定了它更关注短期利益。在这一点上，我们也不要怪罪经销商和门店，它们比企业更输不起。

第一，现在，奶粉行业品牌数量不少，渠道不缺产品。因此在 2010 年之后的 10 年内，企业对渠道不断妥协，有一定的依赖性。我经常说，今天奶粉行业的渠道问题，都是生产企业把渠道惯坏了。企业越惯着渠道，自己就越被动。很多中小企业在渠道中缺乏自主性，无法把控市场，最终导致了市场管理更加不可控，窜货恶化。越恶化，渠道就越会出现短期行为。

第二，2017 年之后，飞鹤、君乐宝的崛起给中小企业带来了巨大压力，导致很多企业无暇顾及市场的基础管理，只能通过严重透支渠道客情和严重透支产品品牌来维持市场。请注意，我用了两个"严重",因为这是非常短视的行为。这种短视最典型的标志,就是利用投入不平衡来吸引经销商大量压货。

很多企业不明智地认为,自己收了现金,把货品压给了经销商,经销商就会主动、卖力地销售自己的产品。殊不知不少经销商如果拿到了非常规的投入费用,几乎会立即窜货,扰乱市场,从而造成更加严重的危害。

我并不反对企业在可控范围内压货,但是我反对不计后果地压货。

第三,企业生存于渠道的本质就是价格体系的相对稳定和利益分配的稳定。奶粉行业因为毛利较高,催生了海拍客、一起牛和其它一些渠道,以及针对消费者的社群等,它们的本质都是打破企业的价格体系,击穿企业的利益分配机制。

现在,这些平台背后形成了以窜货为主的产业链条。它们针对一些有一定品牌力的企业大宗进货,吃掉费用后直接将货物撒到窜货电商或窜货门店群,最终造成了恶性窜货。更有一些企业利用这些平台,扰乱竞争对手的价格体系。

这三点共同作用,使得那些想和企业战略协同发展、共同进退、长期合作的渠道难以实现初衷。

● 对窜货必须严厉打击

问:您说的这三点很清晰,对企业有直接的指导作用。但

是，我听一些快消品企业负责人或业务人员说，窜货越多，证明这个产品越畅销；甚至还有人表示，只有窜货才能把企业做大。雷总，您怎么认为？

雷永军： 现在，市场已经变了，如果还用这个观点指导企业发展，这个企业必将被淘汰。

现在的市场上，渠道利益非常清晰、非常定向、相对稳定。一旦打破了这个利益平衡，极可能导致经销商、门店对企业未来发展的误判，最终出现消费者没有放弃产品，而渠道却放弃了这个产品的局面。在这个问题上，国内奶粉企业中至少有四五家中型企业曾因此吃过大亏，可是行业中仍有一些品牌未能吸取教训。

普天盛道咨询对服务客户的窜货问题非常关注。因为窜货会让营销战略和战术失效，可以短时间内把一家企业"绞杀"。

前几天的一个论坛上，佳贝艾特的首席执行官就窜货问题坦诚向渠道致歉，可见窜货已经对其有了较大影响。这是佳贝艾特发展中的必然挑战，也是很多企业难以避免的问题。可以说，窜货难以杜绝，但可以通过管理使其可控。

● 中小奶粉企业能否学飞鹤？

问： 是的，企业发展过程中总会遭遇一些问题。在窜货管理上，您认为我们应该参考哪家企业的发展模式？我们走访市场，很多经销商反映飞鹤的窜货管理相对要好些，君乐宝的也不错，

我们是不是应该学习它们?

雷永军：我想告诫中小企业，千万要根据自己的特点布局自己的发展模式。

每一家企业的成长都有其特殊的历史背景和文化基因。比如飞鹤的打法，就是 2008 年前后雅士利的打法在飞鹤的落地，这个打法的特点是投入巨大，团队人数巨大，市场掌控力强，而且销售额越大就越优化。现在，以飞鹤 100 多亿元销售额的体量，这个打法相对是优化的。但如果你的销售额只有 5 亿—10 亿元，照搬这个办法去经营，铁定亏。

君乐宝模式则是对这个模式的创新突破。它在渠道设计上迫使大多数经销商必须和企业发展的战车捆绑。这类似于我们在 2006—2008 年提出的占经销商资金、占经销商库房、占经销商业务员、占经销商车辆、占经销商终端的"五占"策略。

君乐宝把这个策略运用到了极致，并创新超越，故成绩斐然。问题是，君乐宝团队的强势和执行力的勇猛，一般企业是做不到的。

每一家企业都应该根据自己的资源和状态调整自己的策略，才有希望成功。我在这里给有窜货的小企业提几个醒。

第一，一定要夯实基础。只有做好了经销商和终端的基础工作，只有提升了团队的基础能力，对市场才能谈掌控二字，对窜货才能有管控的基础。

第二，一定要稳定生态。信息碎片化时代，竞争更加充分，分化更加深刻，没有稳定的经销商和终端利益的生态关系，就失去了发展的根基，更失去了治理窜货的基础。

第三，一定要管控团队。根据普天盛道咨询的观察，80%的窜货问题都和内部投入不平衡及团队腐败有关，只有20%属于市场的正常窜货。这需要企业的管理制度和管理组织能力提升。奶粉行业的团队能力这10年提升不多，但是腐败却在快消品行业中排名第一。没有好的团队，就无从谈市场管理和窜货管理。

第四，一定要敢于创新。窜货不是新问题，别人的窜货管理方法不见得适合你，应该根据自己企业的现实发展，有创新地提出适合自己的管理方法。

第五，一定要关注执行。很多企业制度不错，但是执行很差，最终导致企业的经销体系令人失望。窜货是中小企业的发展天敌，必须抓好执行，否则就会功亏一篑。

（本文于 2020 年 8 月发表于乳业圈。）

第十五章
中小企业：如何破解招商难？

对于营销布局来说，渠道是非常重要的一环。

没有渠道，企业的营销就没有平台；没有渠道，企业的经营就无法成为闭环。可问题是，当前的中小企业无法在渠道完成招商。

对此，乳业圈采访了普天盛道咨询创始人雷永军先生。

问：雷总好，我们今天想就婴幼儿奶粉行业中小企业的发展和您做个交流。您怎么看待当前中小企业的现状呢？

雷永军：婴幼儿奶粉行业中小企业目前的处境不是很好，主要表现在以下几个方面。

第一，招商难。超过一半的企业应该已经发现，自己根本无法招商，或者招商质量越来越低。

第二，市场管控难。几乎所有企业今年都面临窜货问题，且情况有愈演愈烈之势。很多企业因此受损严重，经销体系动荡不堪。

第三，团队能力提升难。很多企业没有在这个方面提前布局，现在的团队质量堪忧，打不了大仗，打不了狠仗，更打不了快仗。

问：招商难这个问题已经是事实了。有什么办法解决吗？您给企业支支招。

雷永军：这个招很难支啊。同样的产品，张三来经销商就不做，李四来经销商就做。是产品问题，还是品牌问题？我看都不是，是人的问题。

在婴幼儿奶粉市场，产品是恒定的，市场是恒定的，企业和品牌是恒定的，需求是恒定的，经销商也是恒定的。确定的因素很多，那么什么是不确定的，什么就决定这个市场。

很多人说飞鹤做得好是因为产品品质。但黑龙江那么多企业的产品，都不比飞鹤差，为什么市场做得半死不活的？我想，根本原因还是人和思路。

我经常对一些企业家说，不要摆臭架子，觉得有了点资本就呼三喝四的，要虚心，要爱惜自己的团队和人才，因为，这些人的状态决定着企业的状态。

如果非要支招，我给中小企业提几点建议，供大家参考。

第一，一定要注重行业的利益分配结构。招商难的核心问题，是很多品牌已经无法给渠道提供利益。这由两个原因造成，一是老生常谈的缺乏品牌化运作布局，二是渠道的利益设计不合理。品牌化运作布局不是一天可以完成的，但利益设计却是可以马上修改的。

第二，一定要管理好窜货。这就是我前几年提出的系统赋能问题。至今，很多企业在组织管理上仍无法管控货物流向，导致经销体系中哪个市场做得越好，就越容易被窜货瞄上，生意就越受伤。这一点一定要做好，否则经销商不会和企业共同努力。

第三，大家改改企业用人的方式方法，改改和客户沟通的方式方法。和团队交心了，和客户交心了，才有生意可谈。否则，生意都没法谈，还怎么做销量呢？

第四，在招商上，我建议大家深挖自己的业务，对客户进行深入分析，不要浅尝辄止。

我们服务的一个客户中，有一位省区经理，在一个市场工作了两个月，却一个客户都没有开发成功。我发现他拜访了不少客户，几乎全省所有的客户都走了两三遍，但是却毫无成果。我让他说说问题出在哪里了，他说客户对产品提了很多反对意见，没有合作意愿。于是，我在现场给他曾拜访过的一个我熟悉的经销商打电话，这个经销商告诉我，这个业务员来了三次，本来打算他再来就好好谈谈合作，可是他最近没有再出现。

这里我要给业务战线上的朋友们提两点意见。

一是不要轻易地判断一个客户对产品的认知。有时候，客户反对得越是激烈，可能越是想合作。如果他每次都说很好，但就是不谈合作，那才是真不想合作。

二是无论新老客户，对每一个项目，在没有拿下之前，至少要拜访五次。五次以内，多数都可以拿下。这就是普天盛道咨询在 2004 年提出的"五次拜访法"。中国有句俗语说得好，"一回生，二回熟，三回成了好朋友"，我在这后面加了"四谈业务，五签约"。这是我们指导企业的经验。

问：我还是第一回听说"五次拜访法"呢。的确，很多时候业务人员需要策略性和专业性，需要客情。那么市场管控为什么会成为中小企业的软肋呢？

雷永军：你想想，为什么飞鹤的窜货相对较少，而佳贝艾特今年遭遇大面积窜货？这是因为飞鹤的人马齐全，在每个大的区域，飞鹤都在每个十字路口设有"业务警察"。佳贝艾特做不到这一点，因为这样的投入巨大。

同样是企业，飞鹤拥有一百多亿元的销售额，几十亿元的净利润，完全可以支持高投入操作模式。而佳贝艾特就做不到，如果它做到了，那么利润率就会下降，股价就会下跌，投资人就不答应。佳贝艾特尚且如此，更不必说中小企业了。现在，几乎所有的中小企业都是放养式的市场模式，自然什么问题都可能出现。

如果你的团队人员不足，投入不足，市场分散，其实有很多办法可以规避这些问题。现在的问题是，市场管控不力会损害经销商、门店的利益，最终导致渠道对产品的抛弃。这是一个博弈论的问题。

理论上，经销商在没有找到合适的产品的情况下，还会继续代理你的产品，但是他会在经营中逐渐转换，将你的消费者换成他代理的其它产品的消费者。这是个温水煮青蛙的方式。现在市场上至少有超过一半的品牌或企业是这个青蛙。它感觉到了温度的上升，但是没有感受到"死神的降临"。

窜货其实只是一种表象，它的背后是市场管控问题。

可是，越小的企业越不这样思考问题。这就如同你家的冰箱不制冷了，你以为是冰箱出了问题，其实根本的原因是你没有插上电源。插电就是系统性问题的一个环节。这个时候，你如果折腾冰箱，甚至换了冰箱，冰箱能工作吗？还是不能。因为它没有通电。

我们现在有很多企业就是"不给冰箱通电"，却不断地"改革冰箱"。

问：您这个冰箱的例子举得真好，一下子将系统和模块的关系给讲清楚了。这是人的问题，还是什么问题？对人的问题，有没有更好的解决办法？

雷永军：人的问题最难办。首先是选人，其次是用人，最后是淘汰人。这三个问题都很重要，选错了就容易用错，用错了就需要淘汰。

人的调整，成本是非常高的。

在用人上，普天盛道咨询有个模型。横轴是能力，竖轴是价值认同。能力强、价值认同高的叫作千里马；能力强、价值认同差的叫作大灰狼；能力弱、价值认同高的叫作老黄牛；能力弱、价值认同低的叫作大绵羊。

对千里马，要大用、重用。这类人才越多，你的企业一定会发展得越快。对大灰狼要用好，给好激励。对老黄牛要通过培训提升能力，这些人可以在公司做基础工作，建设稳定的后勤。对大绵羊要立即清理。这就是用人和选人的基本原理。

这其中，最难的是淘汰人。很多企业没有明确的绩效指标（KPI），最后造成的结果是劣币逐良币。把能干的千里马都干掉了，只留下大灰狼、老黄牛带着几只大绵羊，最后的结果是团队一团和气、一潭死水，腐败成风、业绩下滑。

问：您今天谈了招商、市场管控、团队人才建设几个问题，综合来看，它们之间是相辅相成、不可割裂的。请问雷总，您能就市场变化给中小企业提个醒吗？

雷永军： 感谢你的访问，说句实在话，我觉得提醒没有用。

企业的问题是个演化的过程，前期、中期可能自己根本无感，多数企业都是在摔了大跟斗之后才自己完善的。

所以，如果非要提个醒，我想强调一个逻辑。假如你要做线下生意，经销商利益受损，就一定会损害门店利益，门店就会不卖你的产品。由于大多数经销商和门店是捆绑关系，这个松散同盟关系的结果会如何呢？未来，一个中小企业的销售快速下滑，很可能不是因为你的消费者抛弃了你，而是因为你的渠道——经销商、门店抛弃了你。

如果你的重心在线上，那么你一定要维持价格和价值的关系。要知道越是高端的消费者越忠诚，越是低消费水平的消费者品牌忠诚度越低。

这是常识，也是重点。

现在，中小企业的重点在线下市场，所以要注意市场的规律和常识。

（本文于 2020 年 9 月发表于乳业圈。）

第十六章
大企业涨价：中小企业要不要跟进？

近些天，大企业奶粉涨价的消息不绝于耳。

其实，细心的朋友会发现，这一轮奶粉涨价不是这一两个月才开始的，从 2020 年下半年开始，奶粉企业就在提价的关口踌躇着。

我们调查发现，从 2020 年年中到现在，有十几个品牌通过直接涨价，或者品牌焕新、减少买赠的方式涨价。关于涨价的原因，多数企业的理由是"各种原材料价格上涨""多项成本大幅攀升"等。

原材料价格的确有所上涨，但并没有真正影响这些企业的定价体系。那么，这次涨价浪潮的背后原因究竟是什么？

带着疑问，乳业圈采访了普天盛道咨询创始人雷永军先生。

● 企业为什么要涨价?

问: 雷总您好! 奶粉市场竞争激烈, 理论上应该降价才对, 但我发现十几家企业在策动涨价, 这是为什么呢?

雷永军: 其实我也注意到了这个问题。我看到有五六个品牌最近涨价了, 没有你看到的那么多。是的, 奶粉市场竞争越来越激烈了, 为什么大家还要涨价呢? 通常, 行业或者企业在竞争激烈的时候, 大多会通过降价来打击竞品, 留住自己的消费者。

然而, 婴幼儿奶粉这个产品几乎和所有快消品不同。现在中国奶粉销量最大的企业是飞鹤, 它的董事长在去年的一次采访中, 道出了这个行业的秘密:"我觉得很奇怪, 我们(飞鹤)一降价, 销量就下滑; 但是我们一涨价, 销量反而增长了。"这背后正是婴配粉的特性。对这个特性, 我不知道飞鹤有没有去研究, 但从其董事长的话中可以知道, 飞鹤是通过市场实践得出了这一结论。

从 2011 年到 2021 年, 婴幼儿奶粉这个行业一直在涨价, 几乎所有的企业, 无论大与小, 做得好还是差, 一旦降价, 市场就会下滑。我认为, 过去涨价的原因有两点:一是行业特性, 婴幼儿奶粉确实非常特殊; 二是中国消费者的消费观念。

我们研究发现, 中国消费者有以下几个特点。一是女性为了美敢花钱。只要产品能让她们变美, 女性就敢于去尝试。由此催生出淘宝、天猫、京东、抖音、快手、小红书等平台上化妆品的爆量。二是老年人为了购买保健品敢花钱。三是婴幼儿奶粉的购买者判断主观。如果你把奶粉送给一个朋友，而他不认可这个产品，他宁肯扔掉也不会给自己的孩子喝。

这就是为什么奶粉企业在本该降价的时候反而涨价，因为中国消费者相信"便宜没好货，好货不便宜"。

问：您谈到了"消费观念"这个因素，我很认可。但是最近很多企业在涨价的时候给出的理由是"原材料涨价了"，很多媒体还争相报道，那么原材料价格上涨对奶粉价格影响究竟有多大？

雷永军：实际上影响并不是很大。需要强调的是，关于价格，在给企业制定战略的时候，我一般会向企业的董事长和总经理灌输一个观念：涨价是价格战，降价也是价格战。

很多营销人员狭隘地认为，降价才是价格战，这是不对的。涨价也是价格战，是更高明的价格战。

● 中小企业要不要跟进？

问：我们观察发现，这一轮婴幼儿奶粉涨价的主要是大企业，那么中小企业要不要跟进，要不要有所行动？

雷永军：这个问题是这次涨价浪潮的核心，其关键词是"竞争"。

大企业涨价的原因是它们有涨价的基础。

　　我举个例子你就容易明白。比如人才，同样是市场总监这个岗位，有人每月拿七八千元的工资，有人拿两三万元，还有人拿七八万元甚至更多。他们的区别是什么？是他们的能力。同样，当一个产品被市场认可的时候，就相当于一个高水平的人才被企业认可。

　　在市场上，高水平人才的薪酬是看涨的。同样一个产品一旦在品牌上被消费者认可，那么它在市场上展现价值的时候，多数情况下价格也是上涨的。

　　价格是衡量产品和品牌在消费者心中价值的标签。

　　比如人们买衣服，原价一千多元的羽绒服，只剩最后一件了，商家准备以两百元的低价卖出，这时消费者往往会质疑：这里面是不是假羽绒？他们的第一反应会是因为低价而怀疑产品质量，而不是感觉捡了便宜。这就是消费者的逻辑。

　　今天，一些企业的产品价格涨不上去，主要原因不是市场大势，而是企业的战略、战术未能触达核心消费者，企业经营的内功不行。

　　关于涨价和降价这个话题，我们在为企业制定战略时有一个原则，叫作"涨要涨得有道理，降要降得有道理"。

　　比如，有企业声称因为原材料涨价了，所以要涨价，这显然是站不住脚的。这句话是说给谁听的呢？我想，主要是说给经销商和门店听的。企业需要给经销商和门店一个解释，因为产品的每一次提价，在经销商和门店的思维体系里都意味着要丢弃一部分消费者，但企业并不这样认为。

目前奶粉涨价还有一个现象：涨价的多数是大企业品牌，且往往是产品矩阵里面销量一般的品牌。我们跟踪研究了两个品牌，它们在过去一年都曾试图利用降价来获取市场，最后失败了。

今天的涨价，其实是对过去的纠偏。相信这些产品涨价之后，会有一系列动作，我们且走且看。一般情况下，销量好的产品，企业轻易不会涨价；即使涨价，也是不断微调。价格一点点涨起来，过一个月涨 5 元，消费者觉得无所谓；再过一个月再涨 5 元，消费者还是觉得无所谓。最终，企业用一年时间涨了 50元，消费者的抵触情绪不会太大。

需要注意的是，有些品牌好、销量大的单品，估计是很难涨价的。

问：我也留意到您说的这个现象了，但是我发现众多涨价品牌当中，君乐宝几乎是全线产品涨价。君乐宝奶粉负责人曾对媒体说，中国奶粉卖得便宜了，消费者不敢买。您怎么看？

雷永军：君乐宝是奶粉行业的黑马，也是"鬼才"。它涨价，我认为有两点核心原因。

第一，君乐宝到了涨价的时候了。

为什么这么说？现在的君乐宝，品牌、渠道、团队、决策层的默契都达到了最优的状态。

涨价后，生产企业的投入增加了，经销商利润空间加大了，门店利润也相应增加了，这是三赢的局面。因此，君乐宝已经发展到可以涨价的阶段了。

第二，君乐宝肯定有战略上的思考。比如说它可能要上市，一旦有这个需求，君乐宝的战略就必然要从单一的追求销量变为追求利润，或者销量和利润都追求。

我们经常说，企业经营的方向和目标就是强和大。君乐宝的目标是先做大，再做强。大就是大市场占有率，强就是强赢利能力。

因此，君乐宝的涨价，其实和自己的经营主题与节奏有关。

问：那么您觉得，这次涨价潮会给中小企业带来什么影响？会不会给行业带来巨大变化？

雷永军：变化不会很大，但中小企业对这些市场现象需要关注。

从一般的战略理论和战略实践讲，小企业涨价，很容易丢掉经销商，丢掉门店，丢掉消费者，是个"三输"的局面。这是中小企业不敢涨价的核心原因。

我经常告诫这些企业家朋友，问题就是解决方案。涨价可能丢经销商、丢门店、丢消费者。这里面的问题是什么呢？如何解决这个问题呢？

产品要卖出去，首先要有颜值，这个颜值主要有三方面：包装设计、核心卖点、产品口碑。其中产品口碑是品牌的影响力。有了影响力，就说明消费者认可了你的产品或品牌。品牌、口碑可以让消费者降低对价格的敏感度。

现在的问题是，中小企业的营销、品牌、产品的基础工作比较差，所以中小企业不能跟着大企业去涨价。

另外，大家要看到，除了君乐宝，其它企业多数都是调高销售较差的品类的价格。所以，我建议中小企业一定要结合自身的战略、战术和人才结构来判断能否跟风，千万不能东施效颦。

（本文于 2021 年 1 月发表于乳业圈。）

中篇
减量时代

第十七章
出生率下滑：婴配粉企业如何面对?

当下，出生率是大家非常关心的问题，毕竟出生人口的多少，直接关系到婴配粉的市场总量。

在婴配粉市场竞争加剧的情况下，人口问题对市场有什么影响，我们该如何面对？为此，乳业圈采访了普天盛道咨询创始人雷永军先生。

问：雷总好，很高兴您接受采访。不知道您注意到没有，2022 年 1 月 17 日国家统计局发布数据，2021 年全年出生人口仅为 1062 万人，人口出生率为 7.52‰。您怎么看这个出生人口的数据？

雷永军：这个数据其实是超出很多专家的预测的，因为 2021 年几乎所有的专家学者都持悲观态度，认为出生人口会跌破 1000 万人。

我听过最悲观的一个行业专家的论断，他的观点是 2021 年的出生人口数量会在 850 万—900 万。1062 万，这个数字还算可以。再加上 2020 年的 1200 万，2019 年的 1465 万，1—3 岁婴幼儿数量还有 3730 万，婴配粉市场容量还是不错的。但我们也要看到，2021 年比 2020 年出生人口少了 138 万，同比减少了 11.5%。这个比例虽然低于 2020 年比 2019 年减少的 18%，但形势仍然严峻。

根据公开的国家统计数据，中国 1980 年代出生人口大约 2.4 亿，1990 年代出生人口大约 1.8 亿，2000 年代出生人口大约 1.5 亿。这说明什么？

说明 1990 年代较 1980 年代，中国少出生了 6000 多万人，2000 年代比 1990 年代也减少了将近 3000 万人，比 1980 年代减少了 9000 万人。

现在，"80 后"已经不是生孩子的主力军了，"90 后"是主力军，但是"90 后"本身存量就比"80 后"少了 6000 万人，生育人口的 10 年供给总量减少了约 3000 万对。5 年后的"00 后"会比"90 后"供给总量再少 3000 万人，也就是约 1500 万对，那时候才是中国人口出生率更严峻的时候。

如果没有相应的政策，2022 年之后出生人口跌破 1000 万人应该是板上钉钉的事情。

问：没错，现实很严峻，政策很关键。那么，您怎么看待各地的三孩政策和人口出生的关系？

雷永军：过去一年多，各地的政策五花八门，如提供购房补贴 300 或 500 元 / 平方米、增加产假、赠送物品等。我个人觉得，这些政策多数不是从本质上思考如何解决人口问题，或者没有理解国家三胎政策的紧迫性和重要性，整体来看，都是隔靴搔痒。

从战略的角度来讲，顶层设计很重要。有了顶层设计，才会有中层、底层落地实施。

比如，年轻人经济压力很大，连房子都购买不起，那提供购房补贴每平方米 300—500 元又有什么意义？

比如，生育会丢掉工作，那补助 7 天、10 天产假又有什么意义？

比如，根本的问题是，给父母、岳父母等人的养老和医疗就压垮了他，他没有保障因此不生孩子，那发放 3000 元、5000 元生育补贴又有什么意义？

今天，我们深受低生育率的困扰，其实应该从根本上分析老百姓不生育的原因是什么，然后由此入手，去解决问题。这样有针对性地施政，应该是能够解决问题的。如果回避这些问题，中国的生育率只能越来越低。

问：我注意到您曾经对人口问题有较长时间的关注，您说的根本性问题具体指什么？对未来出生人口的下降您怎么看？

雷永军：普天盛道咨询对人口出生问题非常关注，也进行了一些研究和思考。

第一，育龄父母的基数下降是首要问题。

现在的"90后"是生育主力，再过几年"00后"就是生育主力，而"90后""00后"本身人口基数就比"80后"少了不少。因此，即使没有任何其它因素干扰，我们的生育人口总量大概率也是下滑的。

第二，晚婚、不婚、丁克、离婚的人数增多，值得关注。

在这里，我们要思考的是，为什么人们晚婚、不婚、丁克、离婚，甚至堕胎？

关于晚婚，公开数据显示，女性生育第一个孩子的年龄从多年前的平均24岁延迟到了现在的将近28岁。这4年的延迟，直接导致少出生数千万孩子。

关于不婚，根据民政部数据，2018年单身成年人口约2.4亿人，其中大约7700万人是独居。2021年独居者约9000万人，这表明我们有4500万—9000万的人口增量空间。

关于丁克，我们没有详细数据，但你会发现，越来越多的家庭是丁克主义。

关于离婚，2021年结婚登记人口1070万对，离婚登记人口1043万对。离婚和结婚人口几乎是1∶1了。2000年的时候，离婚人口是120万对，20年的时间，离婚人口数量增长了近8倍，真是触目惊心。

关于堕胎，国家卫生健康委发布的《中国卫生健康统计年鉴（2020年）》显示，2019年人工流产人数达976.2万。根据过往的增长率，2020年堕胎人数约1100万，这是多么惊人的数字啊。

晚婚、不婚、丁克、离婚、堕胎，都是影响生育率的关键要素，虽然造成这些问题的原因很多，但仔细分析，家庭收入、生活成本、社会保障等经济因素很重要。

住房、医疗、教育这三座大山，压得年轻人喘不过气来。如果真要解决人口问题，我觉得就要从这三座大山入手。

问：对于婴配粉行业应如何应对人口出生降低的问题，您有什么建议？

雷永军：婴幼儿奶粉行业仍然是个非常有价值的行业，即使今天遭遇了一些问题，未来也可能遇到更多的风险和压力，但我仍然看好这个行业，原因有以下五个。

第一是高毛利仍然存在。

第二是从业者收入较其它行业要高一些。

第三是行业还有更新换代的机遇，有望涌现黑马。

第四是新产品和新技术仍有不少创新的空间。

第五是市场更加规范，有战略思想和发展野心的企业还有取得更大发展的可能。

同时，针对 2022 年的市场变化，我还想对婴幼儿奶粉行业的从业者说：

第一，不要把单个企业销量下滑简单归结为出生人口降低，而要深入对比自身下滑的原因和别的企业增长的原因，寻找发展差距，参与整合竞争。

第二，头部企业在发展到一定阶段后，必然要控制渠道经销商的利润。我建议头部企业不要一条路走到黑，而是要有主动布局、主动让利的格局。中小企业也不要惧怕头部企业，其实在大局面前，头部企业面临的压力远远大于中小企业。

第三，不要相信调研机构虚假、花哨的数据，要相信自己的眼睛，相信一线的同事，相信自己的经销商。不要在办公室指手画脚，要在商战中获得经验，从"炮火"中寻找希望。

第四，要严惩腐败，并建立自主团队。腐败是中国婴幼儿奶粉行业的顽疾，很多如日中天的企业走向衰败，有市场原因，更有腐败的制度问题。很多董事长被蒙骗，被架空多年而不知情，因此，建立清晰完整的企业制度至关重要。企业竞争的最终核心是文化，是制度。

第五，要善待渠道，和渠道共进退，和渠道形成战略联盟。很多时候不是消费者抛弃了你，而是渠道放弃了你。

（本文于 2022 年 1 月 17 日发表于乳业圈。）

第十八章
头部企业：市场策略为什么失灵？

很多奶粉行业大企业的决策者发现，尽管 2022 年的投入没有减少，甚至增加了，但是市场不但没有增长，反而下滑了。

为什么呢？这个问题拷问着头部企业。投入也不是，不投入也不是，问题出在哪里？

这就是典型的市场策略失灵。

不少企业的中高层早已找好了借口：第一，新冠疫情影响了销售；第二，出生人口下降影响了销售；第三，竞品的销售额也下滑了。

原因真的如此吗？我想不是的。

要探究这种现象背后的原因，我们就得谈谈当前奶粉市场的现状。

◆ 品牌拉动的红利已经结束

要谈论今日的奶粉市场，不妨先回顾一下我在 2016 年 5 月 31 日发表的一篇文章《奶粉：有没有企业可以做到 300 亿？》。

我在文章中写到，销售额 200 亿—300 亿元并不遥远，五六年后我们再来看。那时就会发现 2016—2017 年是布局的大好时机，当前全行业仅有飞鹤的布局思路是正确的。不要错过战机，这两年决定未来十年的格局。

如果从文章发表之后的第一个完整年度算起，2021 年恰好是第五年。2016 年飞鹤销售额 30 多亿元，2021 年大约 227 亿元。如果 2022 年、2023 年各增长 15%，那么 2023 年销售额达到 300 亿元应该问题不大。

飞鹤的发展印证了普天盛道咨询 2016 年的研究和判断，很多人觉得不可思议。经常有人问我，飞鹤做到 200 亿—300 亿元销售额，几乎是 10 倍的飞跃，你在 2016 年是怎么判断的？

当年，大家只看到了飞鹤模式属于高成本的"重装"投入，策略也属于 2007—2008 年的传统打法，似乎模式老套，投入不理智。还有不少企业家嘲笑这个打法。

但我当时的研究结论是，这种所谓的高成本"重装"投入，在销售额超过 60 亿元后就会成为"总成本领先"的战略模式，投入比例将大幅下降。通俗地讲，就是销售额超过 60 亿元后，投入不需要过多增加，而销量会急剧增长，因此利润会有大幅度增长。这样就实现了销售额、利润的双增长。这样的指标，是多少企业梦寐以求的目标。

2007 年的雅士利、圣元都是这套打法，2017 年后的君乐宝、伊利、澳优等企业也是这套打法，只是具体落地方法有所不同。

我在 2016 年还提出，中国奶粉行业的大势是从"渠道推动"转变为"品牌拉动"，这个提法正是对这个模式的解析和支持。

问题是，今天的品牌拉动也拉不动市场，因为市场的格局发生变化了。无论渠道推动还是品牌拉动，都只是企业的基础工作。今天市场竞争的根本是"系统赋能时代"。

赋能不是一种资金投入，而是要上至董事长、下到营养顾问改变工作方式。这是很难的。

不少头部企业已经习惯了用广告投入代替品牌口碑，用促销代替消费者行为，用资金杠杆代替合理库存，在经销商面前强势等。然而，一个时代有一个时代的主题。

所以，造成今天问题的根本原因，是市场变了，品牌拉动的红利期到 2021 年已经结束了，但多数企业没有跟上变化。

● 奶粉市场上演的是什么戏？

下一个大局的机会在哪里？我相信，很多大企业正在思考这个问题。

2022 年的市场策略已经失灵。因此，2022 年头部企业比中小企业的焦虑更大。原因有三。

第一，高投入模式走到了尽头。

它的具体表现是：无论企业对市场的投入增加多少，都无法带来预期的销量增长。这个现状，对于头部企业来说简直是灾难性的。因为它们在过去 5 年的时间里，取得增长的根本原因正是敢于投入，敢于大投入，并以高投入为核心，构建了产销协调的供应链体系。

现在这一市场策略失灵了，包括头部企业在内，很多企业要么还在投入上找原因，要么还没有意识到问题的严重性。对于计划学习头部企业的第二梯队企业来说，增加投入的效果会好一些，但仍无法达到预期目标。

我们必须对这个模式进行调整。

头部企业在高毛利、大投入的情况下惰于创新。今天的恶果是，对个别头部企业来说，增加 10 亿—20 亿元的投入，甚至达不成增长 10 亿—20 亿元销售额的目标。这就是当前市场变化的现实。

第二，高价格高毛利模式即将破裂。

2022 年之前，头部企业的毛利高得惊人，净利润更是让人咋舌。现在，这个形势正在被打破。

目前的市场现象是，为了销售额的增量，在投入无效的情况下，有的头部企业使用了最不明智但最有效的增长销量方式——降价；有的头部企业静观其变，导致窜货问题频发，终端零售价大幅度降低。个别头部企业的单罐成交价已经从两年前的 250 元左右，降低到了 180—190 元。消费端的这个价格体系正在因为企业的饮鸩止渴而固化。用不了太久，大品牌头部企业的价格就会定格在这个档位。因此，不少头部企业的毛利和净利润都受到了挑战。

它们未来会采取的方式是，进一步提高出厂价，然后给渠道高额补贴，最终造成销售额不断增加，而销售量不增甚至下降的态势。这是自欺欺人。

第三，渠道抛弃头部企业。

5 年前，很多渠道企业削尖了脑袋要代理头部企业产品；而今天，一些渠道或许已经深陷泥潭。

这里面有两个问题：一是内外勾结的窜货，二是公司政策的扭曲。

2021 年，某头部企业的投资者向我咨询窜货对企业的影响，我告诉他，这个问题事关企业存亡。我仔细研究了这家企业的窜货和组织形态，发现它的组织无法管控窜货，因此我建议他在企业销量和股价双落前退出。

为什么会出现这种情况呢？我觉得有三个原因。一是婴幼儿配方奶粉的高毛利，为腐败提供了空间。二是过去 10 年，很多企业无法管控组织，造成企业文化是全员营销、全员腐败。而今要整改，需要重建团队。可是，休克疗法成本更高。三是奶粉行业除了个别企业，普遍缺乏长期主义，没有百年老店的思维，这使得企业及其决策者、管理者、执行者更加短视。

　　这三个原因会作用市场。其结果是：第一，经销商的利润被严重压榨，这已经成为普遍现象。第二，经销商的资金风险成倍增加。在奶粉行业有个有趣的现象，即头部企业通过对经销商的管控，要求经销商无论是否出货，都得给该企业打款。如果经销商没有完成销售任务，那费用就有可能被清零。第三，头部企业的业务体系正在和经销商为敌。按照常理，越是优秀的企业越应该有服务意识，可市场并非如此。未来一定会有个别头部企业在这个问题上栽跟头。

　　经销商的利润被压榨、资金风险增加，这反而助长了业务人员对经销商的反制。因此，市场上规模越大的经销商越难受，越惊慌。这种压力一旦达到极限，他们就可能撕破脸皮退出市场，甚至转向和竞品合作。

　　我认为，不少头部企业在现在和来年也将面临难以招商的局面。

● 现实残酷的提示

　　投入失效、模式破裂、渠道叛乱。

　　这是当前中国奶粉市场一些企业即将发生或正在发生的现象。一定要正视这个市场现实。

　　奶粉市场暗流涌动，正在变化。如果我们的头部和腰部企业还找不到市场大势和创新办法，那么 2022 年或许就是中国婴幼儿奶粉的一个转折年。

　　和上一个巨大转折的时间——2017年相比，今年正好5年，这很符合我在2008年提出的"中国奶粉市场四五年会有一次大变局"的论断。历史一直在轮回，每一个周期律的背后，都是一次大灾难，也是一次大机遇。

（本文于2022年5月发表于乳业圈。）

第十九章
2023 年：奶粉企业该关注什么？

2023 年，是充满希望的一年，也是充满机会和挑战的一年。我相信每个奶粉人都对 2023 年充满期待。面对这些，奶粉企业在 2023 年应该关注哪些关键问题？需要提前在哪些方面做好准备来迎战 2023 年呢？

带着问题，乳业圈采访了普天盛道咨询创始人雷永军先生。

问：雷总您好。您认为 2023 年中国奶粉企业应该关心哪些问题？

雷永军： 应该关心企业战略、组织和团队、品牌和传播、模式和品类、企业家精神和企业文化这五大问题。

记者： 谈到企业战略，一般企业总觉得战略很空、很虚，甚至很多企业根本就不谈战略。您觉得战略最为重要，是什么原因呢？

雷永军：不错，持这个论调的人很多。那么，我们就要分析，是什么样的人持这个论调？

只要你这样思考和观察，就会发现，那些不谈战略的企业大多是下滑的企业、有问题的企业、没有发展的企业、保守的企业。在我十多年的咨询生涯中，我经常遇到这样的企业家。

我们还应该问问，战略是什么？

简单来说，战略就是方向。复杂一点的表述，比如《孙子兵法》开篇所言："兵者，国之大事，死生之地，存亡之道，不可不察也。"这里的"道"指的就是战略。即你怎么看待自己在竞争中的位置、角色，看待发展的规律和自己的关系，并将这些最终形成决策——方向。

企业如果只有销售的目标，没有主导方法和布局，那就是没有战略。因此，战略不仅是一个目标，更是策略和布局。

奶粉行业不仅需要有坚定战略的企业家，也需要有敢于战斗的营销总监和一线队伍。

奶粉行业在 2010 年进入渠道推动阶段，在 2016 年开始进入品牌拉动阶段，在 2021 年进入系统赋能阶段。在系统赋能阶段，不仅渠道、品牌、产品要硬，组织和团队也要硬。

这给当前奶粉企业的战略制定带来了很多难度，因为渠道、产品、品牌的布局容易做到，组织和团队的布局很难。而组织和团队如果有了问题，渠道和品牌就会失去活力，在市场上更加不利。今天就有一些企业，品牌不错、产品不错，可就是拿不到渠道力量，这就是组织和团队出了问题，完成不了系统赋能。

问：组织和团队真的有那么大的威力吗？根据您的说法，组织和团队已经是奶粉行业的关键问题了？

雷永军：是的。企业的一切问题，本质都是人的问题，人的问题就是组织和团队的问题。

如果一个企业有很好的战略，也分解成了战术，但是没有组织去保障执行，战略就会流于口号，战术就会纸上谈兵，仅仅是设想。

我在 2008 年年底曾经向西部一家企业提出建议，让其主动出击豫西市场和山西市场，布局实现 100 亿元销售额的目标。当时山西古城乳业遭遇危机，下滑严重，河南市场也空出了三鹿此前占据的几十亿元的市场份额。

这个战略很好，这家企业的决策者也觉得我很有眼光，但其组织结构不支持，团队也没有打硬仗、打胜仗的决心。讨论了一个多月，只好作罢。

如果这家企业的决策层排除万难采取这一战略，那么今天它应该是销售额超过 100 亿元的企业了。

2021 年在组织和团队上进行了调整的奶粉企业，在 2022 年基本都是增长的。增长幅度较大的几家，其实就是理顺了组织，很多重大策略可以落地，效率提升了，例如圣元、贝因美就是如此。

问：雷总，品牌和传播的问题怎么解释，难道很多企业在这

方面也存在问题吗？

雷永军：在 2016 年的时候，我曾经向乳业中我敬佩的三位企业家提出了"奶粉行业从渠道推动转变为品牌拉动"的策略。有两位企业家很是认同，并转变了企业的运营方法，有一位不认同。

后来，前两家企业高速发展，后一家发展很缓慢，因为这家企业的领导人对做品牌的认知还停留在打广告上。

做广告不是做品牌，做口碑才是做品牌。认知的不同，会导致决策者误判。

奶粉行业是个长期主义的行业，更是一个注重口碑的行业，大鸣大放的注意力操作并不适合这个行业。由此也就带出了传播方法的问题。

现在，很多企业都很注重抖音、小红书等新媒体，这个没有错，关键是企业在抖音、小红书等平台上做什么？

我认为，一定要以口碑为核心。没有口碑，就没有转化；没有转化，投入的费用基本浪费。

我记得 2019 年的时候，有家企业花费数千万元用于短视频推广，获得了 10 亿左右的浏览量，但转化的销售额仅几十万元。

经历过太多的坑，才能在坑坑洼洼的路上如履平地。

在新媒体的运营上，不仅要了解其推荐规则，更要了解其背后的潜规则。只有了解了潜规则，才能更好地运用规则。

当然，对奶粉行业来说，做口碑的关键是要精准。在这里，我建议很多婴幼儿奶粉企业学习第一批做驼奶粉的企业。它们在针对 55—75 岁人群的口碑宣传中表现可圈可点，十分精准，抓住了这群消费者的内心需求。

我们要勇敢地拥抱新媒体，但这并不是说传统媒体落后了，更不是市场品牌活动落伍了。我在 2016 年预测，飞鹤理论上在 2022 年能够做到 200 亿—300 亿元销售额。之所以如此大胆，是因为我看到了飞鹤在用"笨办法"做品牌活动。这个"笨办法"有效，因为它可以链接口碑，胜过了很多漂亮的传播。

问：雷总，我发现飞鹤在 2021 年实现了 230 多亿元销售额，如果 2022 年增长 30%，就恰好是 300 亿元销售额左右。问题是，它在今年半年报时出现大幅下滑，有可能 2022 年达不到 230 亿元销售额。对这个问题您怎么看？另外我们也注意到您在今年年初发表的一篇文章中提到，头部奶粉企业的经营模式已经失效，想请您分析一下。

雷永军：我从进入奶粉行业开始，就一直在观察行业排名前 20 的企业，对它们的各类战略和策略进行总结和研究。2016 年，在飞鹤销售额 30 多亿元的时候，我提出飞鹤用五六年时间能达到 200 亿—300 亿元销售额，这绝对不是空穴来风，而是普天盛道咨询对奶粉行业深入研究的结果。

2016 年，我们为君乐宝旗下的旗帜奶粉提供咨询服务。旗帜奶粉的奋斗目标是要跻身中国奶粉的第一阵营，在全世界打造"鲜活"奶粉。在中国市场，未来它会面临什么样的对手？这需要我们给出答案。

刚才讲过，2016 年行业从渠道推动转变为品牌拉动。就是在这个大趋势下，普天盛道咨询大胆地对未来 5 年奶粉企业的"战局"做了研究，得出结论：5 年后的 2022 年，飞鹤有机会做到 200 亿—300 亿元销售额。

但是，为什么飞鹤达到了 200 多亿元销售额，却未能实现 300 亿元销售额呢？我认为，一方面是因为新冠疫情的影响，另一方面是因为飞鹤在 2019—2020 年股价最高的时候错失了一场资本运营的大并购。如果当时它并购了美赞臣、美素佳儿或者澳优，销售额很可能轻松超过 300 亿元。

企业的战略经营，不仅包括产品、品牌、渠道，更重要的是资本战略。对资本战略的规划和布局，已经成为企业无法回避的问题，因为资本战略有时候才是市场的指挥棒。

蒙牛当年一直亏损，但最终成为中国第二，这不仅是产品和品牌的成功，更是资本战略的成功。

我今年年初提出，奶粉头部企业的经营模式已经失效，对此，我想只有头部企业才有切身体会。

它们今天最大的感受是，企业投入加大了，但是效果不理想，甚至投入完全失效。为什么会这样？

在这里我想强调两点：第一是要从大规律、大道的角度去思考，要回归常识、回归最简洁的战术打法，这样的模式才有意义，才能够有作用；第二，要注意品类战略。

问：从企业发展来看，企业家精神很虚，企业文化似乎更

虚。希望雷总谈谈精神和文化对企业的重要性。

雷永军：这个世界上，往往越是看似无用的东西，越是有用。

比如一个人的家教。如果家教优良，他就容易交到优秀的朋友；有了优秀的朋友，就有可能开创有价值的事业。家教就是一个家庭的文化。

中国的文化，本质上是道家、儒家、法家、兵家和纵横家的思想融合。中国人从宇宙观到人生观再到价值观，包含了道家的宏大、儒家的规矩、兵家的智慧、法家的严苛和纵横家的变通。企业家精神和企业文化本身就是不断发展变化的文化。

整体来说，中国奶粉行业的企业家普遍简单又善良，他们对自己的工厂、产品、品牌有着深厚的感情，在努力做出超越世界品质的产品。这是非常值得称道的。

企业文化和企业家精神也有一些区别。

奶粉行业的企业文化需要狼性，需要竞争性，需要必胜的信念和持续奋斗的基因。这是很多企业所缺乏的。

今天，活跃在奶粉市场上的企业家，基本都是有责任、有魄力、有底线的企业家。同样，在奶粉行业有一席之地的企业，基本都是有敢竞争、能竞争、不服输的企业文化的企业。

企业家精神和企业文化是一个大课题。它对企业最大的影响是，直接影响企业的决策流程和发展制度。决策有问题、制度有问题的企业长不了，其根本在于企业家和企业文化的问题。

下滑的企业，往往就是因为缺乏企业家精神和企业文化。

　　对个别企业来讲，这些观点或许没有帮助，因为这个企业需要的不是策略，而是更换董事长。只有这样，才能保证企业文化的正向发展。

　　如果要举个例子，我觉得在羊奶粉领域里，澳优和宜品的成功离不开这两位企业家倡导的狼性企业文化。因此，这两家企业才充分享受到了过去十多年陕西企业创造的羊奶粉发展红利。

（本文于 2022 年 12 月 5 日发表于乳业圈。）

第二十章
奶粉行业迎来"顾客组链"战略

2023 年，大家对未来奶粉行业的发展判断有三种论调，一是市场没有任何机会了，二是市场还有那么一些机会，三是整合的大机会来了。

为什么大家没有像十年前、五年前那样有统一的认识，反而分化得这么严重？这是因为，婴配粉行业发展到今天，已经发生了新的深刻变化。

那么，发生了哪些变化呢？现在主要的竞争模式是什么？未来的趋势是什么？这就是我今天想和大家沟通的主题：中国婴幼儿奶粉战略竞争趋势。

市场问题

首先，我想谈一下市场问题。谈市场问题之前，我有八个字送给奶粉行业的朋友们，即"知人者智，知己者明"。

当我们去看市场的时候，一定要牢记这八个字，也一定要明白这八个字的道理。

知道竞品企业的问题和优点，只能说明你比较智慧，你看明白了市场。比起这一点，我们更要明白自己的问题和优势，只有明白了自己的优缺点，才能改变自己，和别人竞争。或者说，只有知道了竞品，也了解了自己，才算是真正地把市场看明白了。

那么，现在的婴配粉市场都有哪些问题呢？普天盛道咨询对此做了研究，总结了十个问题和大家分享。

第一，就是现在讲得最多的问题，出生率降低，市场在缩小。

这是事实，但我们要清楚这个事实和个体的关系。这个问题不是个体的问题，它不针对某一家企业，而是整个行业遇到的问题。

普天盛道咨询认为，当行业出现共性问题的时候，你制定企业发展战略，观察市场，就可以把这些共性问题稍微忽略一下。你首先要看的是，这个行业的总量大不大。如果这个行业只是一个小蛋糕，那你退出这个行业就可以了。如果这个行业的蛋糕还很大，那我们只有一个办法，那就是竞争，抢蛋糕。

为什么我建议大家把那些共性的市场问题忽略掉呢？因为它对你真正的影响并不大。

共性的问题，其实对大企业、头部企业的影响是最大的。你可以看到，那些大企业的销售额一下滑动辄就是 20 亿元、30 亿元，而你总共只有 5 亿元、8 亿元的销售额，能下滑到哪里去？

　　这就是市场。我希望大家在看市场的时候，要换一种思维、换一个侧面去看，那样才能发现机会。

　　第二，卖点同质，难有突破。

　　新国标注册审批制实施后，我们欣喜地看到有不少中小企业在产品卖点上做了比较大的突破。这是我也没有想到的，也深感难能可贵。我觉得这也是大家能够静下心来研究的成果，是一个非常好的成果，但是同质化也是事实。

　　第三，政策上马，影响巨大。

　　当前，还有 60% 的婴幼儿奶粉生产企业（主要是国产的婴幼儿奶粉企业）因为等待新国标注册审批而处于停产状态，我认为这对企业的影响是很大的。那么多的企业在等着过新国标，这的确需要引起重视。

　　同时，这次新国标，对企业今年和未来两三年的市场影响都是非常大的。

　　第四，集中度加剧，竞争你死我活。

　　行业集中度的确有加剧的倾向，任何市场在集中度加剧的过程中，都会诞生新模式、新技术、新方法。现在的问题是，很多有机会参与市场集中度的大企业，还没有找到新模式、新策略，因此中小企业受到的压力还可以承受。在未来 2—3 年，如果大企业还找不到增加市场集中度的战略或模式，销量就会因为市场缩小而下滑，而且下滑的幅度可能很大。

　　因此，这也是中小企业的一次机遇。谁找到了新模式、新方法或者新技术，谁就有快速上量的机会。

第五，恶性窜货，随时触发。

有一家企业曾经在羊奶粉领域里面发展很好，应该能排到第一或第二的位置。它的投资公司老总问我这家企业未来发展会怎么样，因为两年前，它在市场上发生了窜货。我告诉他，你只需观察它能不能在 6 个月内管住窜货，如果管不住，业绩必定会大幅下滑。这说明什么？说明对于企业来讲，在集体的、全面的赋能上，市场竞争对你提出了更高的要求。当然，现在这家企业已经被别的企业控股了。

第六，渠道招商，难上加难。

的确很难。为什么？因为渠道也在变化。

这两年母婴门店数量从 30 多万家变成了不足 20 万家。未来，当母婴门店真的少于 10 万家的时候，能在这个市场上留下来的都是有本事的店主，有本事的店主就会有新的理念、新的方法、新的思路，他们对于品牌、产品以及企业的选择都会发生变化。

所以企业要把内功练好，跟上渠道的整合和变化，这样才能找到好的经销商、好的门店，也能发展得很好。

值得一提的是，如果大企业对渠道利益挤压过大，会导致渠道集体抛弃大企业的产品，这对于中小企业来讲是不是也是一种机会呢？

第七，终端获客，遭遇迭代。

"95 后"一代父母对于品牌、产品的认识，以及对信息的获取渠道都发生了改变。

这使得原有的终端获客方法多数失效，这个失效带有革命性的意义，因为最大的难题是，消费者根本不来店里了，原有的获客方法也就没有用武之地了。

这就是市场的发展，这就是迭代的结果。

第八，品牌传播，无处下手。

我们还遇上了品牌传播方式的迭代，比如抖音、短视频等大行其道。它们的效果已经远远超过中央电视台的广告。为什么？因为这个时代发生变化了，品牌发展已经找不到短、平、快的方法了，甚至传播已无处下手，这些都是实实在在摆在我们眼前的现实。这需要我们重启智慧，重找方法。

两三年前，一个婴配粉企业老板告诉我，他手里有五六亿元的现金，他的奶粉才销售了2亿多元。他想投入3亿元，但是他拿不准能不能产生5亿元以上的销售额。他问我敢不敢投，我说，你看看你的团队就知道了。

他不敢。因为他的团队有问题，进而战略和策略都有问题。他没有找到投入的方法论，因此不知道投下去之后会怎么样。后来他没有投市场，而是投了工厂。

第九，模式改造，风险巨大。

这是很多中小型企业面临的一个非常重大的问题。

在婴配粉行业当中，过去有些企业是给别人当制造商的，将品牌赋予别人；有些企业虽然是自有团队经营，但是模式比较粗放，没有形成现代化的管理制度。

今天，这些企业要改变，的确风险非常大，因为改不好就有被淘汰的风险！

有些国代产品或者原始设备制造商（OEM）产品本来做得还可以，销售额一两亿元，或者七八千万元。但当品牌方把 OEM 产品或者国代产品收到手中自己操盘的时候，突然销量下滑不止50%，有的甚至还招不到商了。

这些都是企业现在面临的问题。

那么，你改还是不改？我觉得企业一定要找到适合自己的方法，该改的时候，就得冒险。因为只有冒险了，才能找到发展的道路。

第十，团队更迭，十分被动。

团队问题是大多数企业的通病。

有些企业销售团队的年薪很高，但是没有创业的动力。圣桐特医的母企业是圣元。圣元在 2021 年就完成了团队的更迭变化，2022 年企业的增幅非常大。刚刚其总经理发言宣称，公司的特医板块增长了80%，其它品类也有大幅增长，利润率同样大幅增长。

这就是我们今天的市场。

● 竞争问题

谈竞争问题，我也有八个字要送给从事奶粉的朋友们：尊重规律，上兵伐谋。

任何事情，任何行业，任何企业，任何时代，它们的变化都有规律。认识了这种规律，我们就能够预测到市场的变化，找到发展的时机，规避可能的风险。

我们要在尊重规律的基础上上兵伐谋。凡事要讲策略，不要蛮干。这个世界发展到今天，只有巧干才能成功。你没有找到巧干的方法，那就坐下来想一想。实在想不到，那你就去找那些在这个行业研究非常深入、非常有经验的人，让他们加入你的企业，或者你也可以找对行业有深入研究的咨询公司服务你的企业。

总之，没有策略地向前奔跑，不仅糟蹋钱，更会丧失时机。

婴配粉行业在过去十多年里，前几个发展阶段诞生过很多机会，有的企业抓住了，但是有的企业为什么抓不住？其实就是这个原因。

竞争问题，我想分三个板块来分析。

第一个板块叫头部阵营。

头部阵营的企业整体发展在失速，即增长速度没有原来那么快了，或者有的企业已经下滑了。这其实给很多中小企业提供了一个非常好的喘息机会。在这个时间段里，中小企业可以调整策略，迎头赶上。比如圣元，用一两年时间调整好了，很快就发展起来了。

过去，头部企业的增长呈现出一个非常重要的特点，叫作虹吸效应。虹吸效应是什么？就是这个企业不用做什么，只要把货往门店里一铺，消费者就自然会购买它的产品。它可能只需要做一两场活动，就能把你的消费者转走。

今天，市场已经发生变化了，这个虹吸效应已经结束了。

为什么？因为这个市场还有一个规律，就是任何一个销售链上的参与者都要生存。比如说，你到一家公司打工，这家公司老板不给你发工资，那你会去吗？我相信你不会的。也许一天、两天可以，一个月、两个月也凑合，三五年不发工资你会去吗？肯定不会。门店、经销商和企业的关系，是共存共荣的关系，如果企业过于压榨他们，不管你的产品有多好、品牌有多强，渠道最终也会抛弃你。

因此，如果我们要借助渠道完成销售闭环，就要保障渠道的利益。可是，不少企业在战略上没有前瞻性，造成了渠道和企业是两张皮。

企业一定要做大品类，比如，把一个品类的销售额做到 10 亿元、20 亿元、50 亿元，甚至上百亿元。同时，在给企业做战略咨询的时候，尤其是针对大企业、大品类，我们有时候又劝企业保持大品类的均衡规模。因为任何一个行业、任何一个品类，一旦增长超过了均衡规模，尽管销量可能还在增长，但是它和市场的关系，也就是与合作的经销商、门店以及消费者的关系，可能会发生变异。

为什么会变异呢？因为当一个产品成为通货的时候，价值体系的分配方式就发生了变化。我给这种模式起了个名字，叫"规模不经济陷阱"。就是说，当一个单品的规模做得太大，它在市场上的经济效应、虹吸效应反而会降低或消失，所以当大单品发展到一定程度的时候，企业要在战略上遏制它，不要让它再发展了。

比如，现在处在头部的企业，如果它有两个 50 亿元销售额的单品、一个 100 亿元销售额的单品，那么它很快就能做到 300 亿元销售额，因为它在下面一定会培育出几个 20 亿元销售额的单品，增长起来非常快。

但是如果你有一个单品卖到 180 亿元销售额，想再培育单品，就难了。

前段时间我和君乐宝的董事长做了个交流，我说君乐宝以前的劣势，现在恰恰变成了优势。为什么？因为它的每一个单品总量相对是比较均衡的。

第二个板块是外资板块。

在 2009 年的时候，国内的婴幼儿奶粉一片萧条，我给国产奶粉行业提出了一个竞争战略：在渠道上把外资企业抵御在三线市场之外。也就是说，国产奶粉企业主动放弃一、二线市场，一次性撤出，然后密集在三线市场构筑堤坝，阻挡外资进入。退出一、二线市场之后，行业在三、四、五线市场打了一年多时间的价格战。最后的结果是，国产奶粉在三、四、五线市场占有率达到了85% 以上。

我一直在讲，一旦外资企业进入三线市场，就会是国产奶粉面临风险之时。

普天盛道咨询从去年到今年，得到了一些来自市场的反馈：外资的几个品牌，包括现在被国内资本并购的美赞臣，从去年到今年在国内三线市场上已经有了较为明显的增长。这个一定要警惕。

我曾经在2019—2020年的时候，建议国内几家头部奶粉的企业家到一、二线市场去开拓市场。因为，如果我们不进入一、二线市场，那么进口品牌就必然会进入三线市场。只有国产品牌在一、二线市场有效进攻，才能延缓外资品牌在三线市场的布局。

这样，国产品牌就形成了两个战略优势，一个是占据三、四、五线市场，另一个是抢一、二线市场，进而将外资品牌困在一、二线市场。

现在是什么格局？是你中有我，我中有你。而且我认为，如果我们做不好三线市场的话，那是很危险的。虽然我们在过去十多年将三线市场做得很牢固，但是也不要小看今天外资在三线市场的小小突破。

第三个板块是中小企业。

部分中小企业找到了适合自己的发展路径，渠道黏性开始彰显。在产品、品牌、活动、推广等各个方面，中小企业都是围绕渠道黏性展开工作，有些方法和思路不错，值得肯定。这是当前竞争中要特别重视的环节。

另外，我想说，现在销量前十家的企业已经占据了60%左右的市场份额。虽然前十家份额不低，但是行业整合并非铁打一块，市场竞争仍然有黑马机会。

在这里我还要讲一下，2013 年的时候，婴幼儿奶粉市场的总量大约是 600 亿元，现在是 1500 亿—1600 亿元。也就是说在过去大约 10 年的时间里，行业总销量增长了 900 亿—1000 亿元。在这 10 年时间里，在每年几乎增长 100 亿元销售额的情况下，几乎所有的企业都是增长的，排在前面的企业做大也是必然的。

但是今天，行业定格在 1500 亿元左右，它不涨了，企业怎么办？甚至，未来几年行业总量还会下降，企业怎么办？这是我要讲的下一个问题——发展问题。

🔵 发展问题

谈发展问题，我也要讲八个字：借势造势，顺势而为。

借势，就是说行业已经有大势，比如说这个行业里面有大企业、大品牌、大单品，它们在做一个东西，被消费者普遍认可，那你就去借它的势。小米的雷军说，站在风口，猪都能飞起来。如果有势可借，你就不要去思考，跟着跑就行了。

如果这个行业没有势，或者说这个势对你的发展极其不利，那你就要造势。造势的本质就是调整从战略到战术再到战斗的策略行为。

你把势找着了，你借到了势，或者你造成了势，那你就可以顺势而为，这就是我们要讲的发展的基础逻辑。

而现在行业的大势，就是减量市场。

从增量市场到存量市场再到减量市场，企业需要有一个非常大的战略调整。

以前行业在增量市场的时候，市场特别好做，大家都在增长。我前面提到的那 900 亿—1000 亿元销售额的增长，就是在这个时间段完成的。

增量市场里，企业需要做的是什么？就是开疆拓土，要的就是竞争的速度。你只要把企业的效率提高了，敢招人，敢走出去和客户谈生意，敢把经销商拿到手，敢于投入，那就可以了。

核心是什么？是做大。

在这个阶段，有好几次企业做大的机会。

奶粉行业在 2013 年诞生过龙头老大，在 2015 年、2016 年也诞生过，到了 2019 年又诞生了一个新的。其实这个行业的龙头老大一直在阶段性诞生。

到了 2019—2020 年的存量市场阶段，企业竞争的其实是韧性。因为这个时候，竞争的压力增大，尤其是一些特别大的竞品，它们的能力、体量或者市场投入等已经达到很高水平。

这个时候，你的核心是要做强，要把自身的本位做好。

今天，我们遇到的市场是减量市场。减量市场这个概念是我提出的，以前没有人这么叫。因为，大多数行业只有增量和存量，全国可能只有婴配粉这个行业特殊，体量在减小，因此我在2019 年给这个市场的变化起了个名字叫减量市场。

　　婴配粉行业和别的行业不太一样，它不会因为促销，就能让婴幼儿多喝一口奶。婴幼儿是定量喝奶，比如一天喝 5 顿，他喝完这 5 顿之后，你再给他多喂一口，他都不喝。这是这个市场独有的特点，所以当它的消费者总数量下降的时候，这个市场一定是减量的。

　　减量市场的核心是什么？核心是改变竞争战略、策略，即你的方法、你的模式、你的思路能不能比你的竞争对手更好。如果你做不到，那肯定不行。

　　在 2022 年之前，大家见面相互还会握手、拥抱。从 2023 年开始，可能在未来的几年时间，我们真正迎来了新的竞争。或者说，从 2023 年开始，才是婴幼儿奶粉真正的竞争开始。因为在那之前，在 1000 亿元销售额增量的那十年时间，你闭着眼睛做市场，都可能赚钱、发展。但是今天不一样了，你睁大眼睛，可能还要踩在坑里。

● 战略问题

　　战略的核心，其实就一点，就是确保企业在行业竞争环境里有足够的主动性。

　　"敌进我退，敌驻我扰，敌疲我打。"这就是战略的主动，不要害怕自己弱小，也不要害怕敌人强大，问题是，在什么时候出击对你最有利，你要找到主动性。

在这个部分，我要讲到普天盛道咨询的一个战略方法论，我给其取名为"元规则战略"模型。这个方法论曾经被导入很多企业。

元规则战略模型的上面是舆论权，下面是渠道权。舆论是"天"，如果品牌都没有做好，企业头顶上就没有"天"。渠道是"地"，没有它，你就无法完成营销的最后一个链条。

"天地"不得，无处生存。

元规则战略模型的左右是标准权和定价权，它们是企业发展的左膀右臂。不要害怕企业小，只要有特色，企业就能掌握属于自己的那一群消费者的标准。

标准权是什么？2016 年的时候，我们为君乐宝的旗帜制定了鲜活战略。如今，飞鹤也采用了类似战略，叫作"鲜萃活性营养"。此外，贝因美的一款产品以及陕西好几家羊奶粉企业也纷纷推出了各自的"鲜活营养"战略。我觉得鲜活这个概念非常重要，它是很多国产企业的必由之路，也是一个基础概念，可以承载整个行业大约三分之一的销量。

当你把产品和品牌的特点做出来，你就会在细分市场、细分品类、细分渠道或者细分区域中，掌握一定的定价权。

模式问题

模式问题，我也送大家八个字：运筹帷幄，先胜后战。

因为企业的模式好与不好，真正地决定了这个企业的方向，以及它们在每一个关键点上的转折。

为什么要说"运筹帷幄"呢?

前线有一群销售人员,他们靠什么打仗?因此你一定要把市场部、品牌部、公关部、生产部、财务部打造成最强的队伍,因为他们要为前线销售人员提供好内容,提供好服务和保障。这样,企业家作为总指挥才有运筹帷幄的基础。同时,我们需要对行业的发展、竞争的动向、消费者的变化都有非常清晰的判断,这样企业家才有运筹帷幄的条件。此外,在实战中,我们需要有清晰准确的情报系统,以便我们的战略战术决策先于对手、快于对手,这样我们才能真正运筹帷幄。

"先胜后战"来自《孙子兵法》的"胜兵先胜而后求战",就是在战斗之前,在策略落地之前,要先去做策略的推演,然后再去战,即先有胜利,然后才有战斗。

谈模式问题前,我想先回顾一下奶粉行业过去几个阶段的模式。

第一个模式是渠道推动战略。

普天盛道咨询在 2010 年前后就提出了这个战略构想,并且在圣元的一个子公司和银桥的阳光宝宝上做了实践,都大获成功。当时不少企业学习和采纳了这个思想,最后几乎影响到了全体的中小企业,它在行业发展里面起到了非常重要的作用。渠道推动战略,本质上也是我们提出的"三线市场堤坝论"的落地方案,从价格战起步,从产品升级入手,利用婴童渠道的快速发展,四两拨千斤,撬动整个市场。

在这个阶段，只要渠道能够赚到钱，母婴门店就像雨后春笋般成长起来，最终形成了一股市场力量。

在这个阶段，婴配粉产品的价格从 100 元左右涨到了 200 多元，只要你服务好渠道，让它们有利可赚，你就能快速发展。

第二个模式是品牌拉动战略。

这个战略是普天盛道咨询在 2016 年提出来的。

在这个阶段，婴配粉行业诞生了两家典型的企业，一个是飞鹤，另一个是君乐宝。它们从 2015 年、2016 年开始布局，2017年、2018 年左右高速增长，形成高速发展大势。

第三个模式是系统赋能战略。

在 2018—2022 年这个阶段，普天盛道咨询同样也是在这个论坛上提出了系统赋能战略。因为品牌拉动在当时已经达到极限，企业也已经发展到了一个高度，消费者又马上要开始变化，行业整合时代已经来临了。

其实，渠道整合要比奶粉行业整合早了大约 3 年时间。渠道整合会导致什么？会导致渠道整个都恐慌起来。恐慌的时候渠道会怎样？会对企业的要求越来越高。

比如说，渠道有 20% 的经销商要退出婴配粉市场，或者有10% 的门店要退出这个市场，它们会做什么？一定是甩货！他甩货了会怎么样？会把每一家企业的市场都给扰乱，最后给那些真正做得好的企业、经销商、门店等造成非常大的麻烦。一旦渠道商赚不着钱，就会形成一个连锁效应。

第四个模式是顾客组链战略。

普天盛道咨询认为，2023—2027年，这个行业又发生了新的变化，行业变化呼唤新的战略模式，我们给它取名叫顾客组链战略。

今天的顾客已经是"95后"了，他们对信息的接收、搜集和过去不太一样，门店原本的大面积做活动的方式，今天来看，可能连消费者都招募不到，这就是很大的问题。

在这种情况下，我们要从企业的角度出发，把门店、消费者、品牌形象代言人，甚至品牌的各种活动都融合起来，以消费者为核心去组链，进而形成新的影响市场消费者的模式。

过去很长一段时间，我们都是以渠道为核心去组链，现在这条路的潜力没有了。

在2022年之前，大多数企业虽然也有消费者教育活动，但是它们的消费者沟通本质上还是以渠道利益为主。我希望从2023年开始，我们要真正地去做顾客心智模式的链条，而且要做到从企业一直到消费者的整个链条全面打通，借助各种手段来把它完成，这样就很有可能在这一轮的竞争当中取得一个更好的发展。

● 机遇问题

现在是婴幼儿奶粉行业一个新周期的开端。

对于机遇问题，我也送大家八字箴言：料敌于先，动敌于先。在机遇面前，每一个人的机会都是平等的。只有在战略趋势上先于对手，我们才有发展的可能。每一家企业在面临市场问题的时候，都面临着同样的机遇。发现了机遇，就要立即行动，因为早起的鸟儿才有虫吃。

在婴配粉新模式的加持下，企业仍然还有做大做强的机会。因为婴配粉产品的毛利现在还在60%以上。这是食品行业里面非常难得的，仅这一点就足以让很多企业一直坚持。

产品概念容易迭代。比如瑞哺恩的新卖点，以及旗帜的鲜活的卖点等，这些概念有时候足以给行业带来革命性的效果。

消费者购买力仍然旺盛。虽然在这个经济周期里，消费者可能会希望产品价格低一些，企业议价能力会弱一点，但是大家要记住，只要市场每年还有1000万的新增消费人口，市场消费总量就不会变化。

没有纵深的价格竞争。其实，按规律来讲，现在应该去做价格竞争，但是奶粉行业的消费者非常特殊，没有诞生低价价格竞争，我不知道什么时候会诞生，但至少当前还没有，也许就在明天，也许还有两三年，它一定会诞生。

现在，我们只面临一个问题，就是需求的总量在降低。因此，我们需要警惕新模式，有可能未来在婴幼儿奶粉领域里面做大的，并不是当前做婴幼儿奶粉的，因为这个行业有三五年一变的规律。

不要忘了小米、华为进入智能手机领域的发展模式，它们都是在很短的时间内，进入了世界前列。

2016 年的时候，普天盛道咨询研判飞鹤五六年时间就可以从不到 40 亿元销售额做到 200 亿—300 亿元销售额，其实它在第五年的时候就做到了 200 亿元销售额，现在略有下滑。未来，我觉得还有其它企业能做到 200 亿元销售额。

婴配粉行业粗放野蛮的渠道竞争时代已经结束了，行业进入了精细智慧的战略竞争时代，这需要企业不仅要把大问题研究透，也要把小问题研究透。正所谓"天下大事作于细，天下难事作于易"。

过去 10 年，我们分配了 1000 亿元销售额的增长总量；未来 5 年，我们有 1000 亿元销售规模的整合分割机会。也就是说，未来这 1000 亿元销售额中，很多企业不是参与增长总量红利分配，而是参与整合分割红利。

比如伊利并购（控股）澳优，这就是整合分割，美赞臣被中国资本收购也是，我相信未来这样的案例会很多。

对于卓越的企业来说，今天充满机会，未来充满期待，决策充满智慧，行动充满挑战。

（本文为 2023 年 4 月 23 日雷永军在第五届婴幼儿奶粉战略论坛上的主旨演讲稿。）

第二十一章
二线品牌：策略需要回归常识

🔵 婴配粉行业大趋势：难、乱、迷

最近两三年，在朋友圈、各种论坛和企业界朋友的会面中，我发现大家都在吐槽一个主题：婴配粉这个行业越来越难做了！

这个行业现在有两个关键词：一个是"难"，一个是"乱"。对这两个词，我估计大家已经"习以为常"了。

我还想加一个关键词——"迷"，就是迷茫的迷。在和奶粉企业中高层、大型母婴连锁以及经销商朋友沟通的过程中，我发现"难"和"乱"只是一种现象，最重要的是，企业在本质上比较迷茫，不知道该用什么办法来应对这个"难"和"乱"。

我们发现，百亿元销售额的企业，其实也不知道下一步该向哪里走，用什么方法可以再进一步增长。做到200亿销售额的企业销量一下滑，大家都暗喜，以为大山要倒下了，自己就有机会

把大山落下的石头抱回家了。结果是什么呢？结果是，你没有搬走别人落下的石头，自己的石头反而也落下了。

这是不是很迷茫呢？

今天，中国羊奶粉战略论坛的主办方给了我一个命题作文，让我谈谈二线品牌的问题和发展之路。我想，这是因为二线品牌更加迷茫，上有头部企业的压力，下有中小企业的低价挖坑，腹背受敌，难度不小。

过去婴幼儿奶粉行业有一个非常重要的现象，就是所有企业在经营上都喜欢"跟风"。几乎所有企业，无论是产品卖点、品牌投入方式，还是渠道的策略和方法，都是跟着做得好的一家或者两家企业学。最早学三鹿，后来学惠氏，现在学飞鹤、君乐宝、澳优，20多年来大家都是这样：谁当第一、第二就学习谁。

到今天，我们突然发现，行业的榜样没办法学习了，因为行业发生了非常大的改变，大企业也不知道下一步该如何发展。

婴配粉行业有其自身的发展规律。就像一个人的成长，他在十三四岁的时候，可以一年长十几、二十厘米，但是到了一定年龄，即使营养再好，也不会再长高一厘米。这就是个人成长的规律，而企业成长也类似。

今天，几乎所有中型企业都偏好渠道。似乎除了渠道，其它的都不重要。事实上，如果你要在渠道上真正成为一个畅销品牌，首先要把自身的功力练好。如果自身的功力都没有练好，天天谈渠道，那就是舍本逐末。

　　渠道的策略和方法最后在市场上有效果，应该是企业自身提升的必然结果，它需要你在讨论渠道之前做很多事，也就是产品、品牌、公关、团队等。

　　比如，二线、三线企业都在讨论要不要做成人奶粉。2023年行业最大的"瓜"，就是全行业都在计划做全家奶粉，做成人奶粉。

　　问题是，你真的了解成人奶粉吗？

　　目前，成人奶粉的市场容量在100多亿元，其中雀巢、伊利、蒙牛三家就占到近60%的市场份额，剩下40亿—50亿元由其它企业去分。作为企业你需要考虑一个问题：你把婴配奶粉1500亿元的市场放在一边，而下大力气做成人奶粉，就算在那个领域占到10%、20%的市场份额，又能如何呢？所以，我希望大家要全面地去看待这个市场。

　　普天盛道咨询研究婴配粉市场多年，将婴配粉竞争分为三个阶段，分别是增量市场阶段、存量市场阶段和减量市场阶段。

　　2009—2019年，销售额在5亿—15亿元的一些企业，如果有销售总监或总经理坐在这里，就会知道，虽然当时不少企业销售额在增长，但销售量是下降的。这个"但是"说明什么问题呢？说明你的市场占有率是下降的。你的销售额虽然从3亿元增长到了6亿元，但是你的销售量没有增长，那么你的市场占有率就是下降的。说通俗一点，你没有别人增长得快，你就是下滑；你的销售量没有增长，你就是下滑。

因此，看上去增长的企业不一定是增长的，看上去下滑的企业也不一定是真的下滑了。

在 2019 年前后，普天盛道咨询就提出了"减量市场"这个概念。那时候，很多人可能还没有切肤之痛。但是今年，我相信，很多企业已经感觉到痛了。

我举一个例子，在当前减量市场的背景下，飞鹤今年上半年营收 90 多亿元。理论上来讲，如果下半年平稳过渡，年底的时候略微压一点货，飞鹤今年的营收仍然可以达到 200 亿元。

以销售额而言，相较于 2021 年前飞鹤是下滑了。相较于 2022 年，飞鹤是下滑还是增长了呢？我们假设它的销售额是 190 亿元，那么它是下滑的还是增长的？我想，90% 左右的人会认为它是下滑的；但是我要告诉你，它可能是增长的。因为如果你观察飞鹤终端市场的销售量、销售额、出厂价，发现它的产品出厂价比原来大幅降低，那么即使它的销售额略有下滑，它的销售量，即生产吨位也可能是增长的。所以，婴幼儿奶粉销售额 50 亿元规模以上的企业家，不要看销售额，而要看销售量的吨位，因为销售量代表的是真实的市场占有率。另外，如果整个行业在今年缩水了 15%，而这个企业只下滑了 10%，那么我们也认为它是相对增长的。

很多市场调研单纯以价格为调研，几乎没有决策参考性。因为婴幼儿奶粉这个产品，绝对不会因为你做促销了，婴儿就从每天喝 5 顿奶变成喝 10 顿奶。不可能的，这就是奶粉市场。

我们要清楚地看到，那些销量下滑的大企业，市场占有率其实可能是增长的。它增长的吨位，就代表你丢掉的市场。

我们看看增量市场阶段。

2009年的时候，婴配粉市场规模不足300亿元；2019年的时候，婴配粉市场规模保守估计在1500亿元。这个行业用了10年时间，增长了1200亿元。在这一市场背景下，如果行业每年增长100亿元，你的市场占有率是1%，那么你就应该每年增长1亿元销售额；如果你的市场占有率是10%，那么你就应该增长10亿元销售额。假如你没有达到，那说明你是下滑的。

这就是市场，我希望大家清晰地去看市场。

另外，2009年的中国奶粉总产量不足30万吨，到了2019年，总产量达到90多万吨，增长了60多万吨。

销售额从300亿元增长到1500多亿元，增长了4倍多；吨位从不到30万吨增长到90多万吨，增长了2倍。为什么？那个阶段连续10年市场涨价，很多企业的出厂价格翻了1倍，这就是原因。

因此，婴配粉市场今天需要的是从野蛮生长、粗放增长，转型为智慧增长、精算增长。

就是说，你需要增长的地方是能够算出来的、用你的策略可以分析出来的。

有些销售额仅1亿—2亿元的企业，偏要做全国队伍、全国布局，最后估计连团队成员都养不起，或者陷入人才困境。即使你给销售队伍提成 10%，也不一定销售得出去，也找不到经销商。这就是今天的市场状态，我希望大家去深刻地了解这个市场，千万不要被那些光辉灿烂、高大上的活动和论坛蒙蔽了双眼，把该有的理性给蒙蔽了。

过去 10 年里，普天盛道咨询为婴配粉行业的发展做了一点微薄的贡献。

我们在 2010 年左右说这个行业进入了渠道推动型增长的阶段，这是基本策略，你给渠道让利，你就能卖出去产品。

2016 年我们又提出，婴配粉行业进入了品牌拉动型增长阶段的观点。后来有两家企业因此增长，一家做到 200 亿元销售额，另一家从十几亿元做到百亿元规模。

2019 年，我们提出婴配粉行业进入"系统赋能"型增长阶段，核心是企业要练内功、做管理，为更大的竞争、更全面的竞争做好准备。2022 年，圣元销量、利润大涨，就是如此。

2023 年 4 月，我们在自己举办的第五届婴幼儿奶粉战略发展论坛上提出，行业已经发展到了"顾客组链"阶段，消费者组链已经成为市场发展的重点。估计很多企业还没有搞清楚，顾客组链的内涵是什么。

这就是市场的变化。

2009—2019 年，就是增量市场。只要你有速度、敢投入，你就能成功。

2020—2022 年，是存量市场。只要你有韧度，你就不会下滑。有的企业就没有韧度，比如羊奶粉老大澳优，最后被伊利控股。在这个发展阶段，如果企业连窜货都管不住，那怎么能行呢？没有韧度，你背后的资本也是会选择放手的。这就是市场。

今天，我们所有的企业，都需要把自身的策略重新审视一遍，看看有没有犯低级错误。

● 二线婴配粉企业，需要解决的 4 个问题

下面我们谈谈发展。谈发展，就一定要讲亟待解决的几个问题。

第一个是战略问题。

有些人觉得战略很缥缈，但在我的眼里，战略是非常"实"的企业发展主线。

举个例子。2013 年上海举办了第一届羊奶粉战略大会，普天盛道咨询在会上提出了一个预判：5 年之后的 2018 年，羊奶粉的市场规模会增长到 60 亿元，同时市场会诞生一家销售额 20 亿元级别的企业。而当时，全国所有羊奶粉企业的销售额加起来才 20 亿元。

当时很多人以为我说错了，但事实是，这个预判恰好在 2018 年实现了，诞生了澳优的佳贝艾特，销售额 20 亿元，而且 2018 年，行业销售额正好 60 亿元。

当时，普天盛道咨询把羊奶粉市场在战略上分为两个非常重

要的阵营——佳贝艾特和陕西羊奶粉企业阵营。

佳贝艾特的发展是伴随着行业自媒体对陕西企业"半羊"产品的质疑而发展起来的，可以说三五年时间吃尽了陕西企业前十年在行业渗透教育的红利。其实佳贝艾特本身在战略上也有缺陷，当时陕西羊奶粉只要有两三家企业联合反击，陕西羊奶粉一定会在短期内诞生一家 10 亿元销售额的企业。但是，陕西羊奶粉企业缺乏这样的合作精神，也缺乏这样的竞争战略。

企业与企业之间的战略竞争，是有窗口期的，这个时间非常短，有时几个月，有时一两年。羊奶粉的这个窗口期已经没有了。

2018 年之后，宜品迅速将羊奶粉做起来了，现在这个市场变成了佳贝艾特、宜品、陕西羊奶粉企业阵营。

再比如，陕西有一家企业，即使不参与企业间的竞争，仍然有快速做到 10 亿元销售额的基因，但是它在行业从半羊到全羊的过渡过程中，虽然品牌数量最多，却没有做一款全羊奶粉，全部都是半羊产品。这种逆市场潮流的做法，其实也是一种战略选择。

我跟这家企业的负责人见面的时候，我对他讲，你不用给我说过程，我看了你们的配方布局，就知道你们在配方决策上，开会分析的时候都是对的，但是做决策的时候都是错的，这就叫"理性分析，感性决策"。这是企业里面最要不得的，明明知道那是一个坑，但还是想进去试一下，看它有多深。

我希望我们的二线企业在未来的战略布局上，不要再犯这样的错误。如果再犯这样的错误，行业不会再给你机会了，不管你是销售额 20 亿元、30 亿元还是 50 亿元、100 亿元体量的企业，你都会失败。

因为行业正在快速洗牌，竞争的结果不是要企业的市场，而是要企业的命。

第二个是品牌问题。

品牌问题在奶粉行业最为突出，只不过以前被增量市场的发展掩盖了而已。

我们今天品牌卖点的提炼不符合婴配粉市场对品牌的基本需求。这个功夫，要赶紧练。

例如，有一家企业，我非常看好，老板很年轻，他天生就是牛羊奶粉并举的战略布局者。我认为这家企业未来有做到 80 亿—100 亿元销售额的机会，但是他自己大举推出了一个品牌广告语，宣称自己的产品不含一滴牛奶。

这意思就是，牛奶粉比羊奶粉差。如果我是你的牛奶粉品牌的消费者，你的广告语却说牛奶粉很差，你让我怎么选啊？这就是自己内部品牌缺乏战略性。这会出现什么问题？这个广告打得越响、投入越大，这家企业的牛奶粉销售额就下滑得越厉害！羊奶粉整个行业才 100 多亿元市场体量，已经快到天花板了，增长也很难。牛奶粉有 1300 多亿元市场体量，你这是放着汪洋大海不去做一头鲸，却选择在湖泊里做一条鱼。

当战略机会摆在企业面前的时候，往往只有一两年的时间窗口，我们不能在品牌策略上给自己挖坑。

第三个是管理问题。

管理问题是个大问题，三线企业普遍没有管理。

我接触过很多董事长，直到今天为止，很多企业还是"人"治，也就是说由董事长说了算，没有制度，甚至连基本的市场管理秩序都没有建设起来。

我想问大家，这样的企业凭什么可以管好窜货？

第四个是团队问题。

我写过一篇文章，标题是《研究三个人，打败一家企业》，在互联网上传得很广。这三个人非常关键，分别是董事长、总经理、销售总监。董事长管决策，总经理管战略，销售总监管执行。

这三个人有矛盾，企业就会出问题；这三个人整体认识水平不高，企业一定走弯路。

我们今天要放弃短视，放弃机会主义，放弃粗放主义，放弃无策略主义，不能糊里糊涂地、迷茫地、想当然地去做市场。

当下，行业真正到了拼战略、战术综合能力，以及执行的专业性、融合性的时候了。从这一点来讲，很多二线企业仍然有很大的发展空间，因为我们的一线企业有些地方做得并不好，它们在战略布局上也存在巨大的缺陷。这就是二线企业的机会。

🔵 积极迎接全面竞争时代

从产业竞争的角度来讲，行业现在讨论度最高的一个问题是上下游的议价能力。

我不知道大家讨论这个有什么意思，因为逻辑很简单，你的品牌强势，议价能力自然就上去了。

此外，有两个问题，我认为婴幼儿奶粉市场以后一定会遇到。

一是行业外潜在的整合者，比如电商。电商分为传统电商和短视频电商，它在婴配粉产业领域的真正爆发还没有开始。因为婴配粉这个产品太适合在网上卖了：婴配粉是标品，不会因为地域等因素而导致品质变化。问题是，我们目前的模式核心在线下，且价格防控严格，因此阻碍了线上发展。一旦竞争到合适的机会，线上销量一定会超过母婴渠道，这也是母婴渠道未来需要关注的。

二是替代产品。比如液态婴幼儿奶，国内主要是圣元、惠氏、雅培、达能、爱他美这五家在做。普天盛道咨询为圣元的液态婴幼儿产品服务了两年。这类产品的发展趋势，要么是做不下去，最后大家都不做了；要么是发展大成，成为传统奶粉的掘墓者。

为什么这么说？

因为婴幼儿奶粉非常关键的一点是，需要将奶粉倒在杯子里加水，其中 85% 的成分是水，因此水的安全性要考虑，同时加水以后就变成了还原奶，奶的品质会大大下降。液态化一定是未来的一个发展方向，只是今天的消费者还需要培育，市场还需要很多经销商去开拓。

为什么大家选择这个产品？就是因为它是替代奶粉的产品，

是一个战略性的品类选择。

我们一定要看清产业发展的趋势，明确自己的竞争对手，也就是要在市场上找到你的对手。

今天，不管你的销售额是 1 亿元、3 亿元，还是 30 亿元、50 亿元的体量，都要在省级或者市级市场上找到你的对手。

如果现在你还像 10 年前、5 年前那样说，我们在市场上没有对手，那注定要失败。未来，即使你不打别人，别人也会来打你。再说，2009—2019 年是增量市场时代，今天已经进入减量市场时代。

我们要抓住头部企业战略调整的窗口期。现在头部企业还在调整，还在寻找快速发展或者止跌止亏的办法，从我的观察来看，它们还没有找到好办法。因此，中小企业要比它们调整得快，抓住这个窗口期布局。

另外，就是抓住三线企业混沌期的窗口。

今天，还有很多背后站着大集团的企业，它们很有钱，但是也一样在混沌期。

二线企业要回归行业和企业的发展基础规律，制定契合自身发展的战略、战术和执行策略。另外要坚定发展信心，回归发展常识。

一定要有信心，婴幼儿奶粉在快消品领域里依旧是非常好的行业，行业毛利至今为止还是比较高的。

我再举个例子："鲜活"概念可以承载 500 亿元的销售额。

　　2016 年，普天盛道咨询服务君乐宝旗帜乳业，在行业提出了"鲜活"的战略概念。2022 年年底、2023 年年初飞鹤也加入这个阵营后，这一概念相关的销售额大约为 300 亿元，另外还有近 30 家企业加入进来，其中包括五六家羊奶粉企业，20 多家牛奶粉企业。

　　这基本吻合普天盛道咨询 2016 年的战略预判，即该概念可以承载 500 亿元的销售额。所以我们在制定产品概念的时候要有战略性思考。

　　比如说"小分子"概念，它能不能做到 300 亿元销售额？如果它只能做 30 亿元销售额，而你的企业目标是做 50 亿元销售额，那你就要赶紧丢掉它。如果你认为小分子奶粉能做到 200 亿元销售额，你要做到 20% 的市场份额，那你就可以做到 40 亿元销售额。

　　千万不要一开始就把自己的格局搞得很小很小，却还想做大的市场，大的企业，那是瞎扯。

　　有的企业为什么快速发展？是因为它们有一个非常大的格局，起点就在那里。

　　今天我想说：婴配粉进入了全面竞争时代！

　　所有的企业，不管是否愿意，都必须张开双臂拥抱这个全面竞争的时代。恭喜大家！今天不是机会主义的天下了，今天是拼战略、拼战术的时候了，今天是拼品牌、拼综合能力的时候了，今天是拼智慧、拼执行力的时候了。

　　如果你的企业和团队有一定水平，就放手大干吧，未来机
会还很多。

（本文为 2023 年 8 月 29 日雷永军在中国羊奶粉战略论坛上的演讲稿。）

第二十二章
全家奶粉热：是不是要冷静一下？

最近一年来，很多婴配粉企业将企业增长聚焦于全家奶粉赛道，从我们了解的情况得知，甚至有不少企业打算放弃婴配粉的发展，全面转型为全家奶粉。

什么是全家奶粉？全家奶粉有那么"香"吗？全家奶粉会不会是婴配粉竞争加剧后中小企业的救命稻草？

对此，乳业圈采访了普天盛道咨询创始人雷永军先生。

● 搞清楚"全家奶粉"的本质

问：雷总您好，最近我们在走访市场的时候发现"全家奶粉"这个概念在奶粉行业非常热，也备受母婴渠道的追捧。不少奶粉企业也计划布局全家奶粉，甚至还有企业给它贴上了"大健康"的标签。不知道您怎么看全家奶粉热这个市场现象？

雷永军：要讨论全家奶粉热这个现象，首先要知道什么是全家奶粉。

行业普遍认为，从狭义上讲，全家奶粉就是成人奶粉，适用于 3 岁以上的孩子到百岁老人。

如果从广义上讲，全家奶粉应该包括婴幼儿奶粉在内的所有奶粉品类。全家奶粉就是全家不同年龄阶段的人群都可以喝的奶粉。

需要特别指出的是，中国的婴配粉在整个奶粉市场里面占比是非常大的，占到 85%—90%，所以我们谈"全家奶粉"这个话题的时候一般是指狭义的全家奶粉，也就是成人奶粉。

无论是渠道代理这些产品，还是企业研发和生产这些产品，都要先把这个品类的范畴搞清楚。如此市场的边界和市场的趋势才容易看得清楚。

至于为什么行业里面有人把全家奶粉和大健康产品扯上关系，我觉得还是因为概念不清晰，或者乱凑在一起。

这里我们也需要把大健康解读一下。

普遍意义上的大健康产业，包括医疗用品、保健品、营养食品、医疗器械、休闲健身、健康管理、健康咨询等多个与人类健康紧密相关的生产和服务行业，被誉为继信息技术产业之后的世界第五代创富产业。

这其中，保健品和营养食品与奶粉有点关系。如果从营养食品的角度讲，随着科技的发展和创新，我们平时吃的米、面、油、水果、蔬菜都可以说是大健康产品，因此大健康产品是一个非常宽泛的领域。所以，谈大健康产品和奶粉关系的时候，也可以认为，奶粉是大健康产品中的一个品类。

我们把全家奶粉的概念搞清楚了，把大健康产业的产品概念搞清楚了，就自然清楚奶粉在市场中的位置了。

我觉得大家不要被有些"专家"忽悠了，他们极力将奶粉和大健康扯上关系，以为这样就会让奶粉融入大健康数万亿元体量的市场，但实际上奶粉和大健康关系并不大。

以前，也有人将婴配粉和母婴行业的关系混为一谈。

婴配粉之于母婴行业重要吗？的确重要。母婴行业据称有20 000亿元体量的市场，而婴配粉只有1500亿体量。当时有不少专家基于此得出结论，称婴幼儿奶粉未来在一个20 000亿元体量的市场当中，因此有更大的发展机会。这就是典型的概念不清。婴配粉只是母婴行业的一个品类，非要和母婴行业的20 000亿元体量扯上关系，这难道不是瞎说吗？

我们也看到有的奶粉企业把自己定位于婴童产业，这显然是战略上的不清晰。即使你的产品进入婴童渠道，但是你的主业是奶粉，你就不能把自己定位于婴童产业。虽然奶粉也是婴童产业里面非常重要的一个品类，但它不是婴童产业，它从产业的研究上和婴童产业没有太大关系。

因此，全家奶粉和大健康的关系，我认为纯粹是硬凑在一起的。

当然，这里面可能有一点要注意，就是有不少企业，想把成人奶粉和大健康产业中的保健品进行捆绑，所以说要进入大健康产业。

短中期增长很有限

问：前段时间，有位乳业专家接受媒体采访时说，全家奶粉是大健康产品，未来会有万亿元市场规模。听了您的解读，我才了解了它们所涵盖的人群、品类、行业定位的关系。根据普天盛道咨询的研究，您认为全家奶粉市场的前景会是怎样的？

雷永军：这个文章我也看到了。我认为这个说法既不专业，也不负责任。

首先，全国所有的乳制品企业、所有的乳品品类，2023年全年所有贡献值估计也就4500亿元销售额，这和万亿元还有很大差距。其中婴幼儿奶粉1500亿元左右，成人奶粉，也就是狭义上的全家奶粉估计还不到200亿元。这才是市场的真实现状，也是行业的现实。

如果说全家奶粉这一个单项品类最后做到万亿元销售额，按照普遍意义上的狭义市场计算，那就是要增长50倍。20年内有没有这种可能？我觉得没有。50年后有没有这个可能？我觉得也没有。

现在奶粉行业的压力非常大，大企业、中小企业都面临"减量市场"，战略、战术还没有调整过来，因此全行业都非常浮躁。越是这个时候，越需要谨慎，越要沉住气，对行业里一些瞎扯的论调，不能瞎听，而要用常识来判断。因为研究一个产业最重要的就是要尊重常识。

我在 2023 年 9 月份针对奶粉行业有个演讲，题目就是《回归常识》，其实就是提醒我们的企业家和所有从业者。

探讨奶粉的增长，需要我们知道奶粉是一个什么样的产品。

13 世纪，成吉思汗带领军队西征。蒙古人有饮奶习惯，就是吃肉喝奶，但在征战过程中没办法携带奶牛，因为牛走得慢，马走得快。于是他们就在锅里蒸干液态奶中的水分，然后碾成粉，这样无论行军到哪里，烧一锅水，把奶粉放在里面进行搅拌，就可以喝上牛奶了。这就是奶粉的发明。

这就类似于以前一些欧洲的航海家和探险家，起初他们把牛养在船上，但是牛也要吃蔬菜和饲料才能产出好奶。没有办法，他们转而给牛奶里面加糖，这样一来保质期就长了，这就是炼乳的发明。

从这个角度来看，奶粉的产生是为了更长的保质期。我们都知道，奶粉加上水就是还原奶，品质就会大大下降。

奶粉在生产过程中本就要经历多次高温处理，导致部分活性成分流失；冲调时再次遇水，其活性成分会进一步降低。所以，奶粉这一品类本身就属于有争议的健康产品，它的未来一定是被液态产品或其它产品逐步替代。现在，我们的液态奶和酸奶大约有 2500 多亿元市场规模，成人奶粉市场规模才 200 亿元不到。

我们判断，全家奶粉短期内还会有一些上升空间，但是空间不会太大，持续时间也不会太长。

这个品类，会是一个中短时间缓慢增长的品类。

● 母婴渠道该不该主推全家奶粉？

问：您刚刚提到，全家奶粉未来可能是一个中短期缓慢增长的品类，但是我们从市场上看到，很多母婴门店在转型，要把奶粉品类的产品线从婴幼儿奶粉扩展到全家奶粉，希望全家奶粉成为高毛利产品，您觉得母婴渠道要不要转型全家奶粉？

雷永军：我先举一个例子。中原区域有一个母婴连锁集团，有三四百家店，前段时间，这家连锁集团的老板打电话问我："我们想转型做全家奶粉，雷总你觉得这行不行？"我知道他肯定是想把成人奶粉当成保健品来卖。我没有直接回答他的问题，而是反问他："你认为母婴门店未来发展面临的最关键的问题是什么？"他说现在就已经很难，主要问题是没有人来店里。

"难"是最近两三年母婴门店渠道的共识，但是，"难"不是乱做的理由。

渠道想从 1—3 岁孩子的产品转型为全家奶粉，那就会变成什么人都可以到门店来买东西了，"全家"就意味着不只是妈妈，爸爸、爷爷、奶奶、阿姨、叔叔、姐姐、哥哥也可以来买东西。

那这个店是不是成了一个综合超市？

问题是，现在大型综合超市人们都懒得去了，沃尔玛、家乐福在中国的很多门店都关掉了，那么你又能给消费者提供什么独特的产品呢？

当前的母婴消费群如此集中，门店都没有客户来，你把它做得很宽泛就会有客户来吗？

理论上来讲，0—100岁年龄范围内的人都可以到门店消费，但这是一个特别不务实的想法。

对于专业的渠道，我们应该从"专"上考虑问题。你和你的竞争对手相比，你有没有给你的消费者提供新的、差异化的价值？或者说，你所提供的服务和产品，能不能比你的竞争对手更好或者更具竞争力？这是你应该创新的地方。

从门店本身来讲，可不可以去做全家奶粉？我认为可以尝试，可以作为补充，但不要抱太大希望。

如果你要转型，以全家奶粉作为门店利润贡献点，或者说把它当成一个重点品类去经营，我认为，这是舍本逐末。

之前有几个做成人奶粉，也就是全家奶粉的朋友来北京做客，和我提起他们是怎么忽悠门店的：他们告诉门店，卖全家奶粉会比飞鹤、君乐宝、伊利婴配粉利润更高，也就是说卖一罐成人奶粉，比卖一罐婴配粉利润更高。这种高毛利的设计理论上没有错，问题是你卖得出去吗？我觉得企业和渠道把消费者当成了傻瓜。

门店经营者迟早会知道，门店的立身之本是口碑。你只要骗人一次，你的商誉就下降了。对于婴幼儿门店来说，由于婴幼儿奶粉是一个口碑传递的产品，如果你骗人，只要有一个宝妈在微信群里说"某某门店骗人了"，那你就完了，你在一个群里的名声就"臭"了，你就会为此付出沉重的代价。因此，我劝那些想利用母婴门店做高毛利全家奶粉的老板，要慎之又慎。

从企业的角度来说，婴配粉的竞争已经是红海了，大多数企业找不到突破的策略和方法，因此希望借助母婴渠道上位成人奶粉。同时，母婴渠道商现在也很慌乱，很多渠道商没有战略定力，找不到突破口。因此，生产企业和不少渠道商在缺乏战略和战术的情况下抱团取暖。但此举在我看来意义不大。这是思路不清晰、缺乏战略定力的表现。

如果说全家奶粉这个品类概念很牛，那么伊利和蒙牛就不可能诞生了。为什么？大家都去喝奶粉了，没有人喝液态牛奶，它们怎么能把液态奶卖到销售额千亿元？

这是大势，现实就摆在那里，大家要睁开眼睛看清楚。

● 品牌企业发力有没有价值？

问：前几年，有不少企业布局儿童奶粉，取得了一定业绩。现在全家奶粉热，是不是也是企业的一种自救？根据您的分析，您认为专业的婴配粉奶粉企业还要不要发力全家奶粉领域？如果要发力，您有什么建议？

雷永军：从行业变化看，你如果做婴配粉遇到困难，做不上去了，是可以转型去做全家奶粉的。问题是，你应该怎么做？

在婴配粉这个赛道做不下去的企业，普遍是因为能力不够。因为这个赛道要求战略清晰、战术有力、团队刚强、组织有活力等。总之，要求太高了。你如果做不到，总不能说把工厂关了吧？这种情况是可以考虑做竞争相对较弱的全家奶粉，但是你仍然需要分析，成人粉赛道里面主要企业的战略、模式、方法，这个市场里面还有没有缝隙？有没有较大机会？

总之，不能盲目地进入。

你刚才提到的儿童奶粉市场，2018—2021年开始兴起，有企业仅用了三四年时间就做到了3亿—5亿元销售额，核心卖点是以"长高"为主。

因此，"长高""补钙"等类似概念，以及益生菌等其它概念，实际上都是把一个普通的营养产品当成保健品来打"擦边球"。

有统计显示，主打"长高"诉求的儿童奶品类在奶粉行业迅速崭露头角，销售额从0增长至50亿元左右，这一快速崛起甚至导致4段奶粉产品销量急剧下滑。

好不好？挺好。但是，这个产品在最近一年销量在急速下滑，有的企业下滑超过了50%以上，为什么？

首先，当行业品类做出一个高点的时候，大企业就会来和你竞争，就要进入这个市场收割。其次，你的概念如果是虚假的、夸大的，或者"擦边球"的，那么它必然是要破灭的。

　　比如，君乐宝小小鲁班进入这个"长高"诉求的市场，其它这类产品的企业、品牌的销量大多数都下滑了。君乐宝仅用一个简单的价格竞争，就可以把其它品牌全部打败。

　　前两年有不少企业向我咨询，想要去做"长高"领域。我告诉它们，这个领域肯定用不了太长时间就要被"打回原形"，因为它不是一个真正的价值概念，也经不起大企业打击。

　　另外，3 岁以上的儿童会首选液态奶，液态奶比奶粉要好，还更加方便。我们需要把大势搞清楚。

　　从这个角度来讲，企业有必要从战略上对奶粉这个品类进行研究，你到底从哪个赛道、哪个品类、哪个缝隙去做才能够成功？你做了，有什么特殊价值可以抵挡大企业的打击？

　　这是很难的。

（本文于 2023 年 8 月 29 日发表于乳业圈。）

第二十三章
警惕：你可能正在被渠道抛弃

奶粉市场又有新趋势，这个趋势有些特殊。一般情况下，企业的品牌力或者投入减少了，会出现渠道松动的现象。可是现在，却有不少投入并没有减少、品牌力也不错的企业销量下滑比较严重。

我们走访市场发现，不少渠道商正在切割这些品牌，其中不乏一线大企业的品牌。

针对这种现象，乳业圈采访了普天盛道咨询创始人雷永军先生。

问：雷总您好。前段时间我走访市场，发现一个现象：2023 年奶粉行业头部企业普遍出现下滑，个别企业甚至大幅度下滑。您能分析一下，这是什么原因吗？

雷永军：我最近也走访了一些地方，和不少企业和经销商有过深入交流，我认为，主要原因是部分生产企业被渠道抛弃了。

这种现象可以追溯到十年前，那时候有家企业做到了头部，但在随后的七八年时间被渠道抛弃，最近几年才有所缓解，走上了正途。

还有一家企业在五六年前被渠道抛弃，婴幼儿奶粉销售额从30多亿元下滑到现在的六七亿元，直到现在还没有走出被渠道抛弃的怪圈，未来还有可能继续下滑。

可以说，被渠道抛弃是婴幼儿奶粉企业的梦魇。

我在过去10年里，先是推动奶粉行业从渠道推动模式向品牌拉动模式转变，后来又推动行业从品牌拉动模式向系统赋能模式转变。虽然模式不断迭代，但是渠道仍然是奶粉企业的发展基础，是营销闭环中的焊接点，尤为重要，不容出错。

消费者只有在渠道末梢才能够和企业产品完成交易，这个道理很简单。

问：雷总，听了您的解析，我也很认同，但让人不解的是，大企业、大品牌应该可以做得更好才对啊。为什么会出现大品牌、大企业被渠道抛弃的现象呢？

雷永军：不仅是你，持有这种观点的人很多，甚至很多行业专家也这样认为。

渠道商做生意是为了什么？第一个目的就是赢利。

如果一个渠道商不赢利，还会不会和生产企业一起合作？显然不会。

第二个目的是快乐地、被尊重地赢利。尤其是做大了的渠道商，他们更期望被企业尊重。

我想，对渠道商来说，最重要的就是这两个目的。

大企业不少产品在渠道中已经成为通货产品，陷入了"规模不经济陷阱"，利润已经很薄，在某些阶段，个别大品牌的产品甚至导致渠道商亏损，那谁还和你玩？

因此，我们在市场上发现，很多销售额达到 1000 万元级，甚至几千万元级的经销商放弃了个别企业的品牌。另外，很多企业过去压榨经销商，觉得很正常，现在在"减量市场"的情况下，你还继续压榨，那只能把经销商压垮了。最后，经销商只能不和你合作了。

因此，并非大企业、大品牌就一定会被渠道追捧。甚至正是因为太大、太自负，反而与渠道的客情更紧张，更容易被渠道放弃。

最近这两三年，一定会有企业因为客情问题而遭到渠道的放弃，导致销量大幅度下滑。

问：雷总，我也关注到一些企业为了应对传统渠道的销量下滑，大力拓展线上销售渠道，在抖音、快手、京东、天猫、自建商城小程序等多个平台进行布局。个别企业还取得了不菲成绩。您怎么看这个现象？

雷永军：一叶障目，可以不见泰山；一叶，也可以知秋。

10 年前，雅培将一款产品大包给国内一家公司做全国代理，我对此做过一个评论。大致内容是：雅培找国内代理，说明这家进口品牌在三线市场不仅没有找到方法，而且放弃了继续探索。

今天，我们看到不少大企业转型线上，虽然这个方向没有问题，但是从操作战术上来讲，说明了这些企业在线下传统渠道上已经黔驴技穷。

为什么这么说？因为这些企业没有解决线下渠道的痛点问题，比如，渠道毛利下滑，渠道增长下滑，渠道窜货管理不力，渠道进店人数减少等。

不解决这些问题，基础就会动摇，经营就会有大风险。

回避问题、绕开问题都是不明智之举。线上销售不是什么新奇事物，当前也不是主要增量的区域，更不是企业的救命稻草。

问：雷总，按照您的说法，这是一些企业的无奈之举。我们还注意到，有的企业为了不占用门店和渠道商的资金，做线下扫码销售。具体做法是终端没有产品，只有空罐，消费者扫码进入企业小程序下单，企业再返利给门店每罐 20—100 元不等。这种做法大大减少了经销商、门店的资金风险，也阻止了窜货，是不是一举两得？

雷永军：我不认为这是一举两得的事情。这个模式也不是新鲜事物。

10 年前，有个朋友在黑龙江红星乳业担任销售总监，他当年就研发出这个模式，觉得很好，于是来北京找我讨论。

我给他分析了这个模式背后的逻辑。我说，门店赖以生存的主要资源就是门店掌控的消费者。你通过小程序收割了门店的消费者，你让门店最后怎么活？因为这个模式不是简单地收割门店的某个品牌的奶粉销售，而是对所有奶粉、所有品类都有影响。

说得直白一点，就是你把门店的消费者拉走了，这样门店就无法掌控赖以生存的消费者资源了。

他后来用这个方法推广了半年，最终不了了之。

这 10 年来，再没有人听说哪家企业有过类似想法。

现在，这个模式重新抬头，好几家企业不仅想通过收割门店消费者来销售自己的奶粉，还希望通过二次运营，引导这些消费者进入自己的小程序，购买母婴类目的其它产品。我相信有不少门店会参与，但我更相信门店的老板不傻，他们很快就会明白这个道理。

线上有线上的生态，线下有线下的生态。做生意最重要的是和谐，是双赢或者多赢。

奶粉走向线上销售是迟早的事情。随着行业的变化，线上的占比会越来越大，这是趋势。但是，我们不能够通过掠夺线下资源的方式来做线上，这样会导致企业的渠道诚信风险，甚至会出现渠道集体倒戈。

我建议想做线上的企业开辟新思路，做线上增量，而不是将线下客户野蛮地转移到线上。

现在，线下门店的生意本来就很难做，如果生产企业还掠夺线下资源，而且做得足够快，不等线下门店反应过来就完成了大多数的消费者运营转移，那我佩服你。如果你做不到，那就一定会伤害门店。

这种伤害，会给企业带来很大的商誉问题。头部企业为什么会被渠道抛弃，原因与此类似。

问：雷总，听了您的解析，我发现做生意不仅有利益纽带，还有客情纽带。水能载舟，亦能覆舟。在"减量市场"的趋势下，2024 年的竞争可能会更激烈，您对企业有什么建议吗？

雷永军：我有三点建议。

第一，要稳中求进，变中求进。该忍的忍，不该忍的只要不动摇我们的战略基础，我们也咬牙忍。我们的国家就是因此而跑赢了周期，在不断改良中持续前进，成为世界第二大经济体，也成为世界上最稳定增长的经济体。我想，我们的大型、中型企业应该也从中有所感悟。

第二，要重视管理和组织，做好打持久战的准备。普天盛道咨询做过一个研究：在减量市场下，未来前 20 家奶粉企业估计要占行业 90% 以上市场份额，这就是市场集中度。婴童渠道已经有 10 万家门店在过去 2—3 年中退出，未来还有 5 万—8 万门店要退出。奶粉的淘汰赛在 2023 年开始打响，行业竞争在未来三年可能会更加惨烈。在这种市场态势下，高效的组织和严密的管理显得尤为重要。有了高效的组织和规范严密的管理，企业的战略和战术就能够执行下去。

第三，一定要重塑战略，减少战略出错。未来被淘汰的企业，就是在经营中战略出错的企业，摸着石头过河的时代已经一去不复返了。根据普天盛道咨询的研究，奶粉行业现在至少有 70% 的企业没有战略，属于边走边看边打的路子。在剩下的

30% 的企业中，有超过一半的企业战略不清晰、不正确，因此正在走弯路。今年，好几家应该发力增长的企业突然大幅度下滑，正是这个原因。

中国奶粉这个行业，国际咨询公司都没有研究清楚，如果它们研究清楚了，外资品牌早就打败了国产品牌。而内资企业也有不少迷恋国际咨询公司，引进国际咨询公司，其实走了不少弯路。我建议，企业只有务实，才能够走出困境，获得破局。

（本文于 2023 年 12 月 4 日发表于乳业圈。）

第二十四章
母婴渠道：如何才能活下去？

　　母婴渠道是婴幼儿奶粉非常重要的渠道，当前销售量占比在 60% 以上，可谓得母婴渠道者得奶粉天下。

　　可是，在过去的一年母婴渠道遭遇了非常严重的危机，有业内人士表示，2022 年到现在，至少已经有 10 万家母婴店倒闭关门。

　　这不仅影响了母婴渠道自身的发展，更是影响了奶粉行业的发展，很多媒体和专家因此唱衰母婴渠道。

　　对此，乳业圈采访了普天盛道咨询创始人雷永军先生。

🔵 母婴渠道的发展历程

　　问：雷总您好。婴配粉是母婴渠道非常重要的品类，当前婴配粉行业进入了您所说的"减量竞争"时代，行业集中度不断提升，这给母婴渠道带来了非常大的影响。今年，我们看到很多渠

道都在寻求转型、变革，基于这样的市场背景，您能不能为我们解读一下母婴渠道的发展历程？

雷永军：在国内，母婴渠道的发展脉络是比较清晰的。

第一个阶段大约是 2010—2015 年。母婴渠道从 2010 年进入快速发展期，到 2015 年左右其奶粉销售额已经完全超过了传统的超市渠道，成为所有渠道中销量占比最大的渠道。我们估计，在 2015 年母婴渠道婴配粉的销售占比超过 45%。

第二个阶段大约是 2016—2020 年。这是一个连锁拓展期。这个阶段，仍然有 10 多万家母婴门店进入市场。因此，这个时期的母婴门店数量极大，据说全国达到了 30 多万家。很多母婴门店三家、五家地联合起来，更大的有上百家联合起来，也有渠道企业开始联合别的母婴渠道，打造成自己的系统性的连锁店，这就最终形成了自营连锁和松散连锁两种业态。

第三个阶段大约是 2021—2023 年。在这个阶段，母婴渠道进入了整合淘汰期。至今已经有大约 10 万家母婴门店被整合或者淘汰，尤其是乡镇的母婴门店大多数都被迫退出了。母婴门店数量减少了，整合的程度更高了，企业对母婴渠道的要求也更高了，消费者对母婴渠道的要求也提高了。另外，不仅传统电商挤压母婴渠道，2022 年以后，直播电商的快速发展对母婴渠道的影响也很大。

为什么称这个阶段为整合淘汰期。

在这个阶段，大量村庄、乡镇的人口涌入县城，县城的人口涌入地级市，地级市的人口涌入一线、二线城市。这是中国人口近十年的一个大迁徙。这种迁徙最终导致乡镇店和一些大村庄级的门店几乎全部被淘汰掉了。这是一种自然淘汰。

另一种淘汰现象是，县城的店越做越好、越做越大，连锁化、企业化、品牌化纷纷涌现出来，而且消费人群也发生了变化。如今"95"后成为生育主力，他们和"80后""85后""90后"的消费观念是不一样的，于是母婴渠道进入了一个淘汰期。

如果你的服务做得不好、价格不合适，而直播电商上的产品价格趋于完全的信息透明，没有信息差，那么它会对母婴渠道产生很大的影响。

这就是母婴渠道发展的几个阶段和历程。

在这个发展历程中，我觉得我们需要特别关注一个非常重要的问题：母婴渠道为什么会诞生？又为什么会整合？

母婴渠道诞生，是因为那时传统大型超市的货架费、进店费、店庆费等太高了。你的产品进入这个渠道，1个月可能卖不了1万元，但前期投入就要好几千，如果门店再站一个促销员，那么没有企业可以在这个渠道里面赚到多少钱。

与此同时，中国第一批和第二批打工者赚到了钱，而他们的孩子也到了上初中的年纪，到了青春期，家长管不住，因此很多打工者转型在县城或乡镇做生意。他们发现母婴行业生意不错，毛利高，且当时中国奶粉的价格直线上升，这推动了母婴行业的快速发展。

我们回过头来看看当下，母婴行业为什么逐渐地向下走？

大约在 2017 年、2018 年，我发出了两个呼吁，一个是针对奶粉企业，另一个是针对母婴渠道。

我说，当奶粉的零售价下滑 30%，企业应该怎么应对？母婴渠道怎么应对？

今天，部分产品的零售价正好下滑了大约 30%，原来 300 多元的奶粉现在卖 200 元左右，原来 200 多元的奶粉现在卖 100 多元，价值链得到了重塑，这就要求每一个企业、每一个渠道，尤其母婴渠道要效率更高，并且要能把消费者的流量控制住，才能得到发展。另外，母婴渠道的消费者每年更换 30% 以上，3 年更换一茬消费者，很难形成累积效应。

现在的问题是，很多企业和渠道还没有反应过来，没有做好应对和改变的准备。

如何应对品牌集中度加剧？

问：2023 年婴配粉新国标落地，奶粉厂家的品牌布局将发生变化，那么母婴渠道该如何布局奶粉品类？据我们了解，一、二线婴配粉品牌为大型连锁钟爱，对于传统的婴童门店来讲，在奶粉布局方面应该如何考虑？

雷永军：要谈母婴渠道，先得了解奶粉行业的现状。

奶粉行业的品牌集中度一定会越来越高。这是行业发展的必然趋势。分久必合、合久必分，它跟中国历史发展的大势是一样的，不管它"分"了多少年，从"分"的那一天开始，就一定是奔向"合"的。

奶粉行业的发展已经过了草莽增长期，也过了快速发展期，目前进入了整合淘汰期。

整合淘汰是什么？就是现在有 100 家企业，可能最后要淘汰 40 家，甚至 50 家，不少企业最终要退出婴配粉这个行业。

普天盛道咨询认为，当前销售额 5 亿元以下的奶粉企业，其实已经退出婴配粉市场了。

5 亿元，放在今天，放眼全国市场，是一点都看不见的，稍微竞争一下就没有了。当你用 5 亿元的销售额来做划分，会发现有一半的企业达不到这个标准。

普天盛道咨询认为，单品销售额在 2 亿元以下的品牌，已经退出市场了，至少是在退出市场的边缘上。

这是婴配粉这个行业的发展特点。今天还有不少销售额 3 亿元以下的企业感觉还能够生存，根本原因是飞鹤、伊利、君乐宝、澳优等企业还没有找到战略方向，或者还没有调整好。我认为，这个窗口期也就一两年时间，两年之后，品牌集中度可能会加快。那时候，销售额 3 亿元以下的企业，压力会非常大。

再返回来谈谈母婴渠道。

一、二线城市的大型母婴连锁，理论上不会卖更多的品牌。进口的、国产的、有机的、羊奶粉的这四大类加起来，它们也就卖 10—30 个品牌。如果它的消费者特别集中的话，它可能只需要卖 10 个品牌就可以了。

如此一来，就有数百个品牌根本进入不了一线、二线市场，这就是淘汰赛。

在三线市场，母婴门店的店面小；在四线市场，门店的店面更小。理论上，这些市场的母婴渠道对奶粉的选择是这样的：进口不好卖，那就不卖进口，或者只保留一种进口产品；有机太贵了，那就只保留一个；羊奶粉太贵了，同样还是只保留一个；牛奶粉选择 5—6 个，这样产品布局就够了。也就是说，到了四线、五线城市，母婴门店卖 10—15 个奶粉品牌的产品就可以了。

我今年去走访了陕西、河南、河北的一些门店，大多数门店就是 8—12 个产品。你想想，在三、四线城市的门店，是不是有数百个品牌没有了展示的平台，是不是很多品牌自然就退出了市场？

这是婴配粉这个行业今天遇到的最大挑战之一，也是我们上游企业遇到的最大挑战之一。

企业一定要看到这一点，要从战略、策略上迅速做出调整。否则，可能突然有一天你的经销商集体不卖你的东西了，而你还蒙在鼓里，不知道原因在哪里。

● 门店直播是双刃剑

问：除了产品布局的问题，门店和渠道还十分关注另一个问

题：客流。要不要做线上直播，要不要线上、线下融合发展，这成为母婴渠道普遍在思考的问题，您怎么看待这个话题？

雷永军：母婴门店的最大尴尬就是店开在那儿，但是促销员比每天进店的顾客还多。

你开了一家店，500 平方米，里面站 30 个人，包括 20 个品牌的 20 个促销员，自己的店员五六人，收银员一两人，还有其他理货员等。但你却发现，一天的顾客还没有 30 人，这是这个行业特别尴尬的地方。

母婴大型连锁，尤其是自营连锁店，一定要特别重视这个现状。这是整个中国零售产业的一个奇特现象。商场里现在就数吃饭的人最多，因为顾客必须亲自去吃饭。除了这一点，大家购物，尤其是标准化产品的购买，渠道已经非常多了，母婴门店业态经过十余年时间的高速发展，现在进入淘汰期，我觉得很有必要去做直播。

其实，现在有很多企业、渠道已经在做直播了，但是面临不少困境。因为当你在线上运营消费者时，你会发现，越运营，消费者越不进门店了。而门店的房租很贵，消费者不来，那么开这个门店的意义在哪里？但如果没有实体店，运营消费者也会遇到不便。

我认为，该开直播就开直播，这是商业发展的潮流，信息沟通的纽带就在那里，不可逆潮流。

我们最初通过电视、报纸、杂志获取信息，后来转向网站，到今天，直播和短视频几乎已经成为每一个消费者必看的频道。你的品牌、你的产品和这些传播方式紧密相连，这是发展的必由之路。

这条必由之路是双刃剑，它对实体的母婴店影响很大，但是你不做，你可能都存活不了。你不做线上的消费者运营，你就活不下来；但是你越做线上运营，消费者就越不到你的店里来，这也是现实。

母婴店应该去做自我整合，有两个思路供大家参考。

第一是向同人群多元化发展。寻找对婴幼儿有黏性的、需要进店才能使用的其它项目。这类项目能够引流，但不是门店主业。如果成本不高，可以采用低价或者免费模式。

第二是勇敢转型社群运营，打通线上线下。很多店都建立了客户群，但是运营上遮遮掩掩，没有做成气候。我觉得这是个潮流，一定要做。比如，消费者要买一箱奶粉，店员直接问你品牌是哪个，生产日期是多少，价格是多少，确认没有问题，就直接送到消费者家里。拥抱潮流，不能让竞争门店把客户抢走。

如果母婴店能够把这个问题解决了，就会有存下来、活下去的希望；如果解决不了这个问题，它的利润就会越来越低，直至最终根本不赚钱，那时这个母婴店就会被淘汰。

● 品牌化和专业化是必由之路

问：对于母婴门店来讲，管理也是非常重要的一门必修课。

对于如何做好门店管理，您有什么建议？

雷永军：门店管理其实只有一个目标——让进店的消费者感受到被关爱和被尊重。

这是我走了很多母婴店之后的一个感受。

现在"95后"消费者对服务的需求和看法，与以前的消费者是不太一样的。他们的要求很高，因为他们被"宠"惯了，从出生到现在，在各个层面上都是被宠起来的一群人。他到你的店里，如果感受不到我刚刚提到的关爱和尊重，感受不到你服务的细心和专业，那么正常情况下他们是不会再进这个店了。这与你的产品卖得贵不贵没有太大关系。

从这个角度来讲，我觉得母婴门店也需要走品牌化的道路。

品牌化是什么？就是我卖得贵，但是消费者愿意接受这种溢价。你的产品比别的门店贵30元，但是消费者乐意花这30元，这30元就是服务和享受。门店不只是卖产品，也是卖信任。这就是品牌化的特点。

因此，母婴门店连锁化的方向，不是松散地组织在一起向上游企业压价博弈，而是形成品牌，和消费者进行沟通。如果这个方向完成不了，那么只要你的连锁体系中一家、两家门店出现问题，可能就有一大群消费者对你不信任了。

这是第一个建议，渠道需要深入地理解品牌化的核心。

第二个建议，是要深入地理解服务的核心。

服务是一种感觉，但它是有标准的。你无法判断一个消费者今天心情如何。服务需要门店在专业度上去做很大的提升。

一家母婴店要想最终赢利，它一定要在品牌化和专业化方面具有特色。

● 渠道定制也是双刃剑

问：我发现，现在很多企业在推出渠道定制产品。这是因为品牌太多自己无法运营，还是代表了一种战略发展方向？

雷永军： 的确，最近两年渠道定制产品越来越多，数量庞大。一方面这确实有生产企业没有精力运营太多品牌的原因，另一方面也有生产企业将此作为战略模式。

可是，渠道定制真的那么好吗？我看未必。这家门店里卖的是某品牌的 A 品，另外一个门店可能卖的是它的 B 品，第三家门店卖的是它的 C 品，这就是我们今天讲的定制和区隔。

表面上看，的确渠道区隔了。可是你考虑过没有，A、B、C 这三个产品，它们的配方仅仅是略有差别。你到第一家店里，店员会告诉你"这款产品就是某品牌最好的"；你到第二家店里，店员会说"A 不行，我们这款产品才是最好的"；到了第三家店，店员又会表示"A、B 都不行，我们的产品才是最好的"。作为消费者，他最终只会选择一款产品。

本来，这三家店都应该共同宣传这个品牌的好，这样这个品牌才会获得消费者的信任。但实际情况是什么呢？很多企业有十多个品牌，消费者每到一家店里，门店就说其它产品的配方不好。那其它的到底是好还是不好？消费者就会产生疑问。当消费者有疑问的时候，他就可能转身去选择其它品牌了。

这一点对于上游企业极为不利。因此，多品牌在不同的发展时期要有不同的战略，不同的体量下要有不同的战略。

今天的渠道定制合作形式会反作用于这些生产企业。直白一点讲，本来你的产品没有人说不好，但是你的布局却导致渠道说你不好。

同样，对于渠道来讲，如果你的产品被消费者质疑，或者被你的竞争对手质疑，其实对自身渠道品牌化打造也是不利的。

因此，对渠道定制，我觉得企业应该谨慎一些，要在品牌布局上做好分割，不然负面作用可能大于正面作用。

◉ 门店不专业最终会倒闭

问：我觉得您的观点非常中肯。您刚说到渠道品牌化也非常重要，能不能请您谈谈母婴渠道如何实现品牌化？

雷永军：我认为渠道品牌源于产品。作为渠道品牌，你一定要先学会选品，不论竞品门店怎么说你不好，都要相信消费者的眼睛是雪亮的，他们一看就知道哪个是好的产品。所以，一定要卖品牌化的产品、好配方的产品、优质的产品。好产品是一个渠道做品牌的基石。

　　至于说用一些差的产品来骗消费者，10 年前确实有门店干过这种事情，但今天如果你还干，你的店会倒闭得很快。

　　选好品不仅限于奶粉，其它品类也是一样。最近 5 年，很多母婴门店把一些特别低劣的营养品、保健品、洗护用品等引入自己的门店，这些产品毛利很高，达 60%—80%，可以说赚的是黑心钱，我相信它们已经为此付出了代价。

　　因为今天的消费者和过去的消费者不一样了，你拿出 100% 的真诚去对待他们，消费者都不一定对你有好感，更何况你还总想着骗消费者，那怎么能长久呢？

　　路遥知马力，日久见人心。

　　母婴行业中，多数产品都是重复购买的，这和卖家具、卖家电是不一样的。奶粉、纸尿裤等这些产品，消费者几乎每个月都会购买，这种消费者是得罪不起的。

　　这是渠道第一个要解决的问题。

　　第二个就是服务，服务是品牌渠道当中非常重要的一个要素。我认为母婴店的店员应该跟消费者成为朋友，当消费者进店后，店员就像一个朋友一样给消费者介绍产品，或者再高级一些，成为专家。这就是情感和专业。

　　光有服务、有态度也不行，你还应该有专业的知识。那些没有专业知识、无法给消费者带来解决方案的门店，在母婴渠道里已经站不住脚了。

　　当消费者拿不定主意，问你"牛奶粉和羊奶粉我该选择哪一款呢？"，你应该替消费者拿主意。但"拿主意"绝不是笼统地告诉消费者"我觉得你就买牛奶粉，你看某某牌子特别好，非常好卖"。如果你这样推荐，那就太低水平了。你应该结合孩子的状况，给宝妈做市场价位的分析、营养的分析等，把物美价廉的、合适的产品推荐给他们，把客户牢牢地吸纳在自己手里。这就是专业性。

这来源于点点滴滴的积累。比如，你的门店有没有客户回访制度，怎么回访？有些回访让客户感觉特别不舒服，一打电话就给客户一种要让她掏钱的感觉。虽然回访是个商业行为，但怎样能把它做得更好？这很关键。

此外，促销的技巧也非常重要。

以上这些都是品牌的一部分，品牌是一个涵盖比较广的东西。

现在为什么那么多消费者不进门店？就是因为很多门店的营养顾问、促销员还没有妈妈专业。

普天盛道咨询做过调研，今天的母婴门店最大的缺陷之一就是专业度很差。即使是做得特别大、特别好的门店，专业度也不够好。有些门店直到今天还是纯促销思想，抱着一种"我就是要把奶粉卖给你"的心态，恨不得消费者来了就直接把产品买了抱走的心态，这怎么能行呢？

我认为，母婴门店的促销员应该要提高专业度，给妈妈们提供解决方案，比如门店有 10 款奶粉，这 10 款奶粉你都可以买，但是我可以根据你的要求帮你选择一款，最后让你觉得特别满意。这才是促销员的价值。

当下，母婴门店的品牌化运作中，一般硬件都容易实现，但针对消费者的专业性最难达到。如果能把这一方面做好，这个母婴门店基本上不会倒闭。

🔵 被动的抱团取暖连锁

问：您刚刚提到了母婴渠道的连锁化现象，今年看来，连锁化规模扩大的趋势越来越清晰，一些大型的连锁企业甚至跨省扩张、全国扩张等。您怎么看待母婴渠道在转型中连锁化的现象？

雷永军：抱团连锁并不是今年才发生的，它已经发生五六年了，也就是在奶粉注册制落地的 2016 年左右，母婴渠道就开始抱团连锁了。

最开始，母婴渠道的抱团连锁不是因为遇到了行业危机，而是为了对上游的品牌企业获得议价的资本。

比如，我现在有 30 家连锁店，我在跟企业谈判的时候，想压价是压不下去的。但是，如果 10 个 30 家连锁联合起来，那就是 300 家门店，这个时候再向企业提出要求，企业往往愿意让步，给这些渠道商的价格低一点。

从这个角度来讲，渠道的联合其实是为了压价，这种连锁是比较松散的。

当时有很多门店意识到，连锁化是它们未来发展的一个方向，所以它们是主动连锁化。

比如北京的乐友，就是要直营，就是要做大，要做到北京的第一。再比如西安的小飞象，要在陕西做到第一，就必须在陕西把门店数量做大以后，它才能在这个市场上说了算。什么意思呢？就是说只要我卖什么产品它就能火，只要我不卖什么产品它就火不了。这样的渠道在跟企业博弈的过程中，自然就会占上风了。

今年的连锁化是什么呢？

今年也有一些加入进来的连锁，它们是完全被动的。为什么？因为大家都没有毛利，这是一种抱团取暖的方式。它们的策略和方式跟上一轮有相似之处，也是为了把利润保住，但是今天的连锁化是非常松散的，是很容易被打破的，很难形成利益共同体。因此，未来母婴行业的门店数量还会减少，很多松散的连锁还会重新整合。

● 渠道定制奶粉的本质

问：我们也关注到，今年一些大型连锁在品牌合作方面有一些热门创新。比如像小飞象、孕婴世界这样的大型渠道连锁，与头部奶粉品牌合作定制奶粉，您怎么看待这样创新的合作形式？

雷永军：这其实并不是创新。

2010 年的时候，这个行业里面就有渠道定制产品。当时的生产企业是没有限制的，那是一个比较自由的市场竞争状态，企业在战略上可发挥的空间很大。

今天的定制，其实是 OEM 模式的延续，不同之处在于，今天的定制是因为每个工厂只能有 3 个品牌，品牌由生产企业持有。

比如广东、河南、福建、安徽、陕西的 5 个连锁企业，每家下面都有 500 个门店，大家联合起来去找飞鹤、君乐宝，问：你能不能给我一款产品来卖？我们会在这 5 个省份主推你这款产品，一年可以做到 10 亿元销售额。这是一个增量啊！如果我们都不卖你这个品牌产品，那对于企业来讲，这个增量是不是就没有了？

今天所谓的"定制"，其实就是一个叫法而已，是把一款产品大包给渠道，过去市场上叫"国代"，或者叫"省代"。这就相当于 5 个连锁联合起来跟一个品牌签了国代，所以它和五六年前甚至十年前的 OEM 模式是没有本质区别的。

母婴行业仍然是好行业

问：我觉得您说得很对，定制的本质没有变。那么，您从战略角度如何看待母婴行业中长期的发展？您觉得它是否还是一个好的行业？

雷永军：母婴这个行业，整体来讲还是一个好行业，这一点毋庸置疑。

中国人有一个非常重要的观念"再苦不能苦孩子"，这里是有非常重要的文化基因的，就是说孩子是家庭的未来。为了孩子的发展和成长，一个家庭可以不遗余力地把财力、人力、物力都投入进去。

这就导致在中国母婴行业中，消费者不会用最便宜的东西来养孩子。大家越有这样的希望，我们在母婴渠道的品牌就越有空间，这就会促使更好的产品不断地涌现。所以，母婴行业一定是一个特别好的行业，而且一定是毛利相对较高的行业。

因此，我经常讲，母婴行业的企业，无论是奶粉、纸尿裤还是其它企业，都要制定长期主义的战略。也就是说，你要一直坚持。

比如，我们有 400 个品牌，其中有 200 个品牌在未来 3—5 年内要被淘汰。你坚持到最后，在 400 个品牌中做到第 199 名，你就活下来了。而且，这个行业各领风骚三五年，你没准还会奔到前几名，谁说不行呢？

飞鹤当年也不大，但现在它是奶粉老大；君乐宝也是从零开始，当时奶粉行业已经是红海，但是君乐宝仍然用了不到十年的时间，就做到了全国前两三名。

你为什么不可以呢？这个行业的奥妙之处就在这里。

所以，我们在这个行业里的核心是，一定要做长期主义者，要做好持久战的准备，要在战略、战术和打法上精心研究行业趋势，那么你在这个行业里就不会踩坑。

我们也看到，有些企业特别有机会、有资源，但是做得差，有几家让人不仅是悲哀，甚至是愤怒。

为什么？就是因为这些企业在战略上缺乏坚定的立场和长远

的规划，甚至可能连战略都没有。这是最大的悲哀。

从这个角度去思考，母婴行业是一个特别好的行业。我很看好它，这个行业仍会催生出一些很优秀的品牌。

另外我还想说一点，奶粉行业现在已经从红海变成了深红海，竞争是极其激烈的。但即使在竞争极其激烈的深红海里面，也有蓝海，即使大家竞争压力都大，仍然有出现黑马的可能。

因为这个行业的毛利高，而且这个行业未来的毛利，相较于其它行业也是可观的，所以这个行业还有不少机会。

如今，有奶粉品牌已经做到 200 多亿元销售额了，还有些品牌也是销售额百亿元级别。但是这个行业有一个非常重要的特点，就是它每年会换三分之一的消费者。这是和其它快消品如饮料、白酒所形成的品牌矩阵截然不同的。根据普天盛道咨询的研究，婴配粉行业每年有 33% 的消费者要流失，有超过 45% 的销量的市场要更迭，这给后进入的企业创造了无限可能。

但我们现在的问题是什么？我认为，是后进入的企业没有战略性，如果后进入的企业中有战略性的企业、企业家，那就仍然可以实现君乐宝的增长速度。这就是这个行业的奥妙之处。

只要高毛利没有太大变化，那么这个行业就有重新诞生"百亿黑马"的可能，这也是我想给奶粉行业 30 亿元销售额以下的企业的一句话：你还是有机会的！

（本文于 2023 年 12 月 13 日发表于乳业圈。）

第二十五章
品牌战略：解决中国奶粉行业的顽疾

奶粉行业的竞争进入了白热化阶段。2023 年，除了伊利有微弱增长，其它头部企业普遍出现下滑，有的企业销售额下滑甚至超过几十亿元。奶粉市场该怎么干？这不仅是大企业的疑问，更是无数中小企业的疑问。

在大企业下滑的趋势下，中小企业已经找不到学习的对象。怎么办？

带着这些问题，乳业圈采访了普天盛道咨询创始人雷永军先生，和他一起讨论奶粉行业问题。本期，我们谈谈奶粉企业在品牌上存在的问题、教训和建议等。

超过 80% 的奶粉企业没有品牌策略

问：雷总您好，最近两年，大家都在说中国婴幼儿奶粉市场

很卷。我们注意到，您今年好几次在公开场合谈到竞争激烈和中国奶粉企业的品牌问题有关。请问，当前中国奶粉行业品牌的关键问题是什么？

雷永军： 奶粉行业的竞争的确是前所未有的激烈。可以说，大多数的企业都找不到方向，找不到方法，找不到突破。这里面有个关键的问题，就是从渠道增长到品牌增长模式的转换，几乎所有企业都没有完成这个战略转身。直到现在，大多数企业仍然依赖渠道推动的发展模式，因此行业整体没有朝气，没有创新，没有新的方法论。谈及中国奶粉行业的品牌问题，实在让人深感忧虑。普天盛道咨询在今年年初做过一个调研，发现居然超过80%的婴幼儿奶粉品牌没有品牌策略，不少企业甚至没有品牌口号，或者说品牌口号非常模糊。

最让人难以置信的是，这里面不乏在行业销售规模做到前十的企业。

从调研结果来看，我们大多数企业对品牌的认识还非常淡漠，甚至根本没有将品牌战略和企业战略联系到一起。

缺乏品牌意识和策略，已经是中国奶粉企业的普遍顽疾。

这也是我们这个行业当前深陷低层次价格竞争，无法采取更高、更好的策略参与竞争的根源。

业绩下滑就是最好的证明。

虽然人口出生率下降，但是奶粉行业总量仍然可观，毛利仍然不低，未来仍然充满期待，可是不少企业业绩却在大幅度下滑。企业管理者应该问问自己：是不是企业战略出了问题？是不是品牌战略出了问题？

问：现状的确如此，您不说，我也没有注意到很多品牌没有品牌口号。请问，造成这种现状的原因是什么？

雷永军：造成这种现状的原因很多，有历史的原因，有战略的原因，有认知的原因，有团队的原因，等等。最关键的原因，我觉得有三点。

第一，多数奶粉企业缺乏品牌发展战略的定力。很多人会说，我们做奶粉是长期主义，我们也投放了不少广告，我们的战略定力很强。但这些只是品类选择问题和简单的广告投放问题，不是品牌发展战略问题。

品牌发展是模式、结构和布局。

当前，几家头部大企业下滑的根本原因，就是战略认识存在问题。你没有将企业发展战略调整到以品牌为核心的模式上来，自然就只能与渠道、消费者处处拿价格来博弈，自然就会陷入涨价也失败、降价也失败的不利境地。

2023 年 3 月，我曾经拜访一家大企业。我给这家企业的董事长和总经理都做了他们企业销量会下滑的预警，但是他们都不认为自己的增长模式有问题。2024 年年初，我了解了一下，他们的业绩下滑很大。但他们依然没有认识到问题的根本。

问题的根本就是发展战略的选择。

我看到一家企业 2023 年品牌广告预算是 3.5 多亿元，可是品牌策略的费用预算还不足 60 万元。询问了一下，这几年全是关系户的媒介投放公司在给这家企业做品牌战略规划。奇怪的是，这种现象在整个婴配粉行业都很普遍。

可以说，中国奶粉行业 80% 的品牌战略是媒介投放人员做的。这真是行业内一个巨大的笑话。

中国奶粉行业依赖渠道太久了，以致对品牌策略是麻木的；中国奶粉的品牌战略意识太薄弱了，以致无数媒介投放公司兼职了品牌战略。我不相信媒介投放公司的朋友懂品牌战略和战术，他们或许在投放上有经验，但在品牌策略上多是门外汉。

第二，奶粉企业普遍缺乏有品牌战略思想的人才。这也是个硬伤。

很多企业的广告投入很大，品牌部的朋友们认为这就是做品牌。殊不知，他们每年有 70% 以上的广告费都浪费了。

我想说的是，打广告是做品牌的一种方式，但做品牌绝不仅是投放广告。我曾经和一家企业的品牌负责人有过几次深度沟通。我发现，他对品牌的认识存在非常大的知识体系盲区，围在他周围的朋友，全部是媒介投放公司的美女帅哥。

我和他挺熟悉，开玩笑说，你没有时间学习品牌战略，因此对品牌认知落后，完全是因为时间被杂事占用了。

没有有战略思想的人才，企业就会陷入无策略的品牌状态，每年只知道广告投放，而没有结果。

2024 年多家公司的奥运投放，效果都很差，几乎达不到预期的 30%。原因在哪里？就在于企业没有懂品牌战略思想的人才。没有专才，就没有专业；没有专业，就没有深度；没有深度，就会流于形式；流于形式，就是一种非常大的浪费。

第三，决策者更相信推广。

当前，几乎所有的奶粉企业都是销售思维，谈不上品牌思维。因此，在大多数企业里，都存在品牌策略无用的说法。

大家习惯了打鸡血式的促销和推广，因为它能够短期见效。这是中小企业几乎没有品牌策略打法的根本原因。

遗憾的是，有几个头部企业也是如此认知。

在增量时代，大家感受不到压力。浪费了也就浪费了，反正毛利不低。现在奶粉发展到了减量时代，问题一下子就冒出来了。

有问题不可怕，可怕的是掩耳盗铃，不去解决，反而自满或者自欺。

🔵 品牌口号是战略的内核，要警惕品牌双刃剑效应

问：这几个问题的确在行业中很尖锐，也很普遍，但是我们也注意到不少企业有明确的品牌口号。您怎么看企业的广告语和品牌战略的关系？

雷永军：在国内，只要奶粉企业销量达到一定规模，普天盛道咨询就会对其进行深入研究。很多企业我们都观察了很多年，

与不少企业的董事长、总经理建立了良好的友谊。说实在话，要剖析他们品牌的问题，指出他们在经营中的误区，很多时候我都是欲言又止，的确有些不好开口。

今天，我们讲企业的品牌问题，是想提醒企业少走弯路。但是，有时候也会被误解。

奶粉企业中，有几家有明确清晰的品牌口号，这就比其它企业的品牌意识进步；有几家下大力气，花巨资传播自己的品牌，这就比其它企业的认知进步。

这些都是值得肯定的。

对于品牌口号和品牌战略的关系，我常给企业讲：品牌口号是品牌战略的核心表现形式，也是品牌和消费者沟通的核心语言体系。

20 多年前，家电业还在起步阶段，海尔的产品质量问题比较多，不是很稳定，张瑞敏提出了"真诚到永远"的广告语，完美地将不利变为有利，开创了家电业 360°服务的先河，成就了海尔从产品品牌转换为服务品牌的内核。这就如同麦当劳在品牌上的定位，麦当劳说，我们不是餐饮品牌，而是娱乐品牌、文化品牌。如果你这个时候从餐饮的品类上和麦当劳竞争，或许你根本都找不到对手在哪里。

海尔的广告语是战略性的，是扭转产品不稳定的现状的最好表达。事实上，海尔的广告语做到了这一点。正是这个战略转型，让海尔在过去 20 年引领了整个家电业的发展。

　　在奶粉行业，有家企业宣称自己的羊奶粉不含一滴牛奶，这虽然和其它奶粉品牌有一定的区隔，却将自己同时营销的牛奶粉踩在了脚下，这是典型的在战略上自断臂膀。

　　我们从这个广告语可以看到，这家企业似乎要在战略上放弃牛奶粉。可是，这家企业也有牛奶粉，是一个典型的牛羊奶粉并举的企业。我不知道是谁给这个企业定的品牌口号，这个品牌口号的大力度投放，最终断送了这家企业在牛奶粉领域的发展，破坏了牛羊奶粉并举的战略。

　　现在，这家企业的羊奶粉品牌有将近 10 个，数量的确很大，可以看出来，企业想在羊奶粉上打败佳贝艾特，登顶中国第一。可是，这却破了企业的大单品战略，不仅会削弱主导产品的品类优势，还会造成团队成本和投入成本的上升。品牌多了，反而竞争力下降了，难以做增量，存量大单品也被削弱了。

　　这就是品牌战略的设计问题，很典型。

　　我们不知道是谁给这家企业提的策略建议，但是从当前来看，这个策略是有问题的，要尽快调整。

　　请记住，品牌口号是品牌战略的内核，也是企业战略的表达方式，但同时也是双刃剑。

　　我也注意到了，这家企业在 2024 年有重新做大牛奶粉的设想，可是品牌战略却限制了自身的发展，给战略调整人为地设置了障碍。

　　还有一家企业，是行业老大，在去年年底换了品牌口号，这个口号也有问题，而且问题更大，我和其市场负责人开玩笑说，你们这个广告语是竞争对手花钱请的公司给你们做的吧？

从这些案例可以看出，奶粉行业的品牌策略还有很长的路要走。

问：如果说，品牌口号是品牌战略的核心表现形式，那么，头部品牌的核心战略应该从哪些方向选择？腰部的企业该如何选择？

雷永军：品牌口号必须要符合品牌战略。那么品牌战略是什么呢？简而言之，品牌战略就是让自己的品牌成为"有名之师"。

对于头部企业，我建议从行业的终极目标来考虑自身的战略意义。而对于腰部企业，则最好从核心利益出发。

什么是终极目标？这既是一个技术问题，也是一个哲学问题，需要我们对企业的发展战略、行业的发展理想、人类的发展趋势、时代的思想性等做综合考虑。

什么是核心利益？这需要从自身的特点出发，不要过空、过大、过虚，要切实解决消费者的需求要素。

越小的企业，越要注意利益点的品牌策略。

● 品牌战略要服务于企业战略

问：谢谢雷总。奶粉行业的品牌问题的确很多，您能为中国奶粉行业的品牌问题提供一些建议吗？

雷永军：不要怕有问题，有问题是正常的。任何一个行业的发展，都会从无品牌时代、倚重渠道时代走向品牌时代。这是规律，也是常识。

我们对于规律性的问题、常识性的问题要深入思考，要产生符合趋势、符合时代、符合人文、符合消费者的全新认知，才能诞生更好的品牌策略。

鉴于此，我给奶粉行业的品牌提几点建议。

第一，品牌是一种战略，要从战略的角度思考品牌问题，同时品牌战略要服务于企业战略，不能凌驾于企业战略之上，或违背企业战略。

任何脱离了战略的品牌策略和品牌投放都是巨大的浪费。

这个问题在中国奶粉行业的企业中普遍存在，一定要引起重视。尤其是那些每年投入巨大却效果不佳的大型企业，尤其要注意。

第二，奶粉行业的所有企业，一定要从渠道思维转换到品牌思维，否则没有出路。

普天盛道咨询曾经给行业提出多次"拐点战略"，2015—2016年我们就建议企业从渠道推动模式转型为品牌拉动模式，至今已经八九年，可是大多数企业都没有做到这一点。

现在，我们需要在战略思维上做一次重大升级，否则，企业就会逐步被时代淘汰。

很多本该做大的企业为什么没有做大？很多本该做强的企业

为什么没有做强？很多本该吃品牌红利的企业为什么吃不到？很多本该成长的企业为什么反而下滑了？

核心原因就是没有品牌化的发展战略、模式和布局。

第三，很多企业决策层认为，做品牌是一种务虚，做销售才是务实，这个思想要不得。一定要搞清楚务虚和务实的关系。

虚实结合、一张一弛才是经营之道。

只有实，没有虚，会造成企业发展的失速；只有虚，没有实，会造成企业发展的风险加剧。实为虚之身体，虚为实之灵魂。只有虚实结合，有节奏地发展，才能够构建具有竞争力的发展模式。

第四，一定要重视品牌人才的引进或培养。

一方面要培养或引进品牌方面的专才，另一方面要培养全公司上到董事长、下到业务员的品牌思维意识。

品牌发展不是品牌部几个人的事情，而是全公司的事情；品牌发展不是战术，而是战略。不从这个高度去构建和发展组织，当前无数企业的困局几乎不可能得到转变，更不用说发展和成功。

第五，要善于借助专业策略机构的外力。

当前奶粉行业中有品牌策略的企业，几乎都得到了专业机构的服务，但服务的结果参差不齐。甚至有的企业品牌策略严重违背了企业发展战略，给企业造成了不可估量的损失。当然，这也比没有品牌模式，躺平等死要强。

奶粉这个行业有自己的特殊性，不熟悉奶粉行业特性的广告公司可能难以做出有价值的奶粉品牌策略。目前，行业内几家企业的品牌策略和口号违背了企业的核心战略，关键就在于企业的专才不专，而策略服务公司又不懂奶粉行业。

　　这五点建议都是我对企业深入观察的结果，我觉得都很重要。缺乏任何一条，都有可能给企业的品牌发展造成不可估量的损失。

　　中国奶粉企业要勇敢地拥抱品牌发展的时代。谁的策略做得越早，就越有可能先优化企业的增长模式，先跳出当前行业的低迷周期。

（本文于 2024 年 8 月 16 日发表于乳业圈。）

第二十六章
中国奶粉的下半场

最近两年，我们和奶粉企业家沟通最多的有三个问题：第一个，企业还有没有机会？第二个，企业敢不敢投入？第三个，有没有哪个企业或资本愿意参股、控股或收购我们企业？

这和五六年前奶粉企业家的意气风发形成了强烈的对比。

是呀，今天摆在奶粉企业家面前的三个难题都没有答案，哪个企业能不着急？

这三个难题是什么呢？第一，企业销量下滑但是没有任何办法阻止。第二，渠道让品牌越来越没有立足之地，与其说是消费者抛弃了你，不如说是渠道抛弃了你。第三，市场再也没有简单而有效的打法了。

● 奶粉行业的五个预言

这三个问题很普遍，也很棘手。

面对问题，我们的企业应该怎么办？自然，这些问题也不是两三天形成的，其实，这些问题的背后都有一个规律和趋势。这让我想起了我们在奶粉行业的一些预言，主要有五个。

第一个是 2009 年 2 月，我们向全行业提出的"三线市场堤坝论"。

我说，国产奶粉企业可以完全退出一、二线市场，让给外资企业，自己把力量放在三线市场。只要守住了三线市场的堤坝，国产奶粉未来就能打败外资品牌。

当时，圣元、雅士利和伊利率先启动，最后形成了全国性、全行业的战略。后来中央电视台有个采访，我又总结性地讲了这个观点，在行业内引起不少企业呼应。

看看今日的市场，这个预言已经实现。

第二个是 2013 年 7 月，我在第一届羊奶粉发展论坛上提出："羊奶粉会高速成长，到 2018 年的时候销量会增长到 2013 年的 3 倍，到那个时候，会出现一家企业的销售额是 2013 年所有企业销售额之和的情况。"

这个预言也已经实现。

2018 年的时候，澳优佳贝艾特的销售额达到了 20 亿元，行业销售额恰好 60 亿元，是 2013 年的 3 倍。

可惜的是，最有希望的陕西军团没有一家企业在这个发展趋势中抓住红利。

第三个是 2016 年 5 月，我发文说当时只有 30 多亿元销售额的飞鹤在未来 5—6 年有机会做到 200 亿—300 亿元销售额。

飞鹤后来在第五年，也就是 2021 年销售额达到 227.8 亿元。如果没有新冠疫情，或者飞鹤展开并购，飞鹤的销售额在 2022 年是可以达到 300 亿元左右的。

这个预言也基本实现。

这三个对行业或企业的预判，奶粉行业的人大多都知道，但是另外的两个预判，我认为更重要，却一直被大家忽视了。

第四个是 2014 年 3 月，我提出《十年内婴童店迎来倒闭潮》。

后来在 2014—2015 年的多次演讲中，我也表述过这个观点，希望婴童门店提前做好选品的专业化、服务的专业化、生意模式的专业化和渠道品牌发展的专业化。

这个预言也已经实现了。

只是，最近 3 年倒闭潮下退出的 10 多万家门店太过于惨烈。

第五个是 2014 年 9 月，我提出婴幼儿奶粉行业未来会淘汰经销商，经销商必须转变为服务商，否则没有任何价值。

今天来看，大多数活着的经销商真的都转型做了服务商，或者转型做了婴童连锁的服务商。

这个预判也实现了。

五个预言都实现了。奶粉行业其实一直有自己运行的规律，我们需要的就是认清大势，顺势而为。

● 奶粉上半场的四个节点

普天盛道咨询对中国奶粉行业的阶段性发展战略和模式进行过论述，这些论述一直引领着行业的发展。

中国奶粉的第一个阶段是渠道推动型发展模式。

这是我研究圣元和雅士利 2008 年之前的发展模式，结合普天盛道咨询托管圣元国际一个子公司时的经历而提出的。

2010 年，圣元国际将一个近 200 人的子公司托管给普天盛道咨询，我担任总顾问，行使总经理职权。这让我有机会近距离观察圣元发展的核心因素，对市场管理有了更深刻的认识。

因此，我们在梳理完企业的各类问题，完成了基础布局后，计划战略性直供门店，放大门店的利润，以此获得渠道推动型的高速野蛮的成长。可惜这个子公司后来被圣元集团并购了。

在渠道为王的时代，大力推动渠道，从渠道模式中挖掘红利，就是好、快、有效的发展模式。

这也是 2009 年我提出三线市场堤坝论之后，全行业的核心增长模式。

我大概在 2011 年前后把这个模式写成文章、做成报告讲给行业。这个发展模式基本影响了行业整整 10 年，直到现在仍然发挥着战略性作用。

可以说，今天中国奶粉行业的格局和奶粉三线市场堤坝论紧密相关。

第二个阶段是品牌拉动型发展模式。

这个模式是我们在 2016 年服务君乐宝旗帜时研究出来的。

当时，我们意识到行业进入一个新的发展阶段，专门举办了一场奶粉行业的大会，来宣讲这个策略对中国奶粉品牌未来发展的指导作用。那次会议在上海举办，有近 1000 人参会。

可是当时，所有企业着魔似的陷在渠道推动模式里无法自拔。

也就是在这个时候，我看到了飞鹤在渠道推动模式和品牌拉动模式上的融合。因此，我在 2016 年 5 月撰文，大胆预言了飞鹤 5 年后销售额可以做到 200 亿—300 亿元。

很可惜，在这个阶段，有几家我非常看好的企业没有进行战略调整，在经验主义下错过了高速发展的阶段性机遇。

第三个阶段是系统赋能型发展模式。

这个模式是我们在 2017 年后和几家小企业合作的时候总结出来的。

和中小企业谈战略，没有几个人愿意听；谈战术，公司没有大将可用；谈具体的战斗，公司的管理制度无法保障执行。

中小企业因为系统不健全，在发展上孤立无援。眼看着鲜活的企业要走向衰败，我很不甘心。

因此，我们又在全国召开了一次奶粉行业的发展大会，郑重地向全国奶粉企业推出"系统赋能型"发展模式理念。

可是，多数企业都没有重视。

今天，无数中小奶粉企业，包括很多中大型企业，在市场上投入不少，但是发展缺乏力量，关键还是系统不行。

这一课，真心希望所有企业都补上。

第四个阶段是顾客组链型发展模式。

这个模式是 2022 年我们研究的成果。在 2023 年 5 月第五届中国婴幼儿奶粉大会上，我的主旨演讲便是围绕这个主题展开。

内容有多重要，我在这里不赘述了。我所提的模式，核心就是应对当前奶粉行业的两个难题：

第一，如何解决母婴门店没有顾客进店，进而影响奶粉销售的问题；

第二，如何解决费用投入巨大，而市场没有反应的问题。

这四个发展模式，都是普天盛道咨询为行业做出的贡献，也是给我们服务的企业制定战略的内核。

我们期望着这个行业更好地发展，更健康地发展。我们期望着我们的客户更大、更强、更优，处处踩在趋势拐点的发力点上高速成长。

这四个模式共同构成了中国奶粉行业发展的上半场。

上半场，由于整个行业有近 1000 亿元的增量，因此没有太多惊险，没有太多刺激，只有欢笑。

奶粉下半场的四个思考

2024 年年初，有位中国奶粉企业家来北京约我喝茶。

他问我：雷总，我们企业还有没有机会做大？我们该不该投入？除了常规发展模式，还会不会有行业黑马？如果有黑马机会，我们有没有成为黑马的基因？

他一连串的发问，代表他对行业已经有了自己的看法，关键在于还有没有黑马机会。他对此有点拿不准。

我回答他说，我在 10 多年前就讲过，奶粉行业只要毛利润降到 30% 以下，就没有黑马机会了。现在，仍然有。

我给他举了个例子。君乐宝刚开始做 130 元奶粉的时候，大家都觉得是瞎胡闹，因为那时候已经是竞争红海，没有人认为行业有黑马机会。可是，君乐宝从电商调整到母婴渠道后五六年就做到了近百亿元市场规模。

第一，行业还有没有高速成长的机会？

我很笃定地告诉大家：肯定有！

前几天，我和行业内一个养牛的企业家沟通，他告诉我，液态奶、酸奶、乳饮料、奶粉都没有机会了，企业要转型，该怎么办？

我没有直接回答他的问题，而是告诉他，元气森林公司为什么能够在国际、国内无数巨头的饮料红海市场里找到自己的突破机会，并最终走进头部主流？

这个企业家对饮料行业有一定研究，我这样一讲，他一下子就明白了。

是的，只要市场在，其它的就靠人的智慧去做了。

今天，奶粉行业也需要一个元气森林，来打破这个没有创新、一潭死水的行业。

普天盛道咨询也一直在寻找这样的企业和企业家。

高认知、高战略、高发展模式，都是打破今天几家头部把持的死气沉沉的奶粉行业的机会。

变化，永远是发展的核心主题。因此，当所有人都失望的时候，也就是机遇出现的时候。

第二，经济周期对奶粉行业有什么影响？婴幼儿奶粉要如何面对经济周期呢？

我觉得，我们看问题要一分为二，既要看到风险的一面，也要看到机遇的一面；既要看到消极的一面，又要看到积极的一面。

婴配粉今天的问题和经济周期的关联性并不大。行业的核心问题在于增长模式没有跟上时代发展的需要。

有资料表示，头部产品在很多门店的利润不到 10 元，但是中腰部产品的利润却有 70—100 元。那问题就来了。为什么中腰部产品利润高却没有销量？为什么头部产品的利润会从原来 50—80 元变成了 10 元？

这些问题，我们的企业和渠道或许都没有认真思考过。因为，我们的企业和渠道现在脱离了市场。

经济周期对行业内每一家企业都是相同的，在重大的压力面前，首先倒下的就是那些不积极改变的企业。

奶粉行业有这么多企业已经放弃了，这是不是机会？奶粉行业的毛利仍然在 55% 以上，这是不是机会？去年有几家大企业在战略上犯了错，给行业腾出了将近 50 亿元市场规模的发展空间，这是不是机会？

要研究市场，不要人云亦云，更不能随波逐流。一定要明白，真理往往在少数人手里。

第三，人口出生率降低会不会影响企业？

蝴蝶效应告诉我们，任何微小的变化都有可能引起一场大的风暴。

但是，吸引力法则也告诉我们，只要努力进取，就会有成功在彼岸等待着你，就会心想事成。

人口出生率下降是个问题，它会让奶粉行业的蛋糕减少，因此我在 2018 年前后提出了一个词，叫作"减量市场"，现在也有人说是"缩量市场"。我觉得"减量市场"更能够表达婴配粉的市场状态。这是因为，"缩量"指的是消费人群基数没有变化，但是消费者的购买力下降了，因此需求缩小了，是消费降级的一个表述。而"减量"则指的是消费者的数量减少了，但是购买力没有太大变化。

看清楚了奶粉市场"减量"的本质，你就明白了奶粉市场的消费并没有太多降级的事实。因此，纯粹的低价策略就不可能在当下取得成功。

分析到这里，我们就明白了奶粉行业仍然会在较长时间内有较高毛利的本质。在这种情况下，是不是一切皆有可能？

为什么？因为只要较高毛利还存在，营销上可发挥的地方就很多，就有创新模式诞生的机会，就有打败竞争对手的机会。

因此，我要告诉大家，人口出生率下降对行业提出的更高要求是更好的产品、更好的品牌、更好的模式。

优秀的企业会脱颖而出的！

第四，还有没有更好的布局模式？

对企业布局，普天盛道咨询一般分为大布局和小布局。

大布局指的是企业战略上的布局，包含投融资和圈地盘；小布局则指的是单纯的营销布局。

行业陷入了红海之中，放眼望去，红得一望无际。这是大多数人的看法。

可是，任何红海之中都会有蓝海。因此，我们需要在布局上升维。那么，什么是升维呢？

举个例子：对蚂蚁来说，一盆水就可以要了它的命，因为对它来说，那就是汪洋大海。可是，对鲸来说，真正的汪洋大海恰恰是它的家园。

新模式的布局或许诞生在中型企业之中。

2022 年圣元的团队体系改造，2023 年贝因美的稳健布局都是很好的案例。

任何红海之中，都有蓝海。如果你用鲸的思维思考一盆水，就会觉得这盆水太渺小了；如果你用蚂蚁的思维思考一盆水，就会觉得一盆水就是整个宇宙。

好的发展战略诞生在与众不同的战略思维中。因此，有野心的企业会先发展起来。

今天，我提出中国奶粉行业的下半场这个概念，主旨就是想告诉奶粉行业的从业者、渠道的从业者，奶粉这个行业需要重新思考了，需要创新了，需要重新布局了，需要改变打法了。老打法，没有戏了。

我还可以做个预言：如果中国奶粉企业不去承担模式创新的历史任务，可能外资品牌短期就会突破三线市场，重新快速发展起来；如果整个奶粉企业不去进行模式创新，可能我们的创新会来自奶粉行业之外。

（本文为 2024 年 8 月 13 日雷永军在某内部论坛上的发言稿，刊载于《销售与市场》杂志 2024 年 10 月期。）

第二十七章
婴配粉行业：又迎来翻天覆地的变化?

近来，国家市场监督管理总局发布了《进一步加强婴幼儿配方乳粉原辅料管理有关事宜的公告（征求意见稿）》，引发市场强烈反响。尤其是其中"鼓励企业以生鲜乳为原料生产婴配粉"以及"1岁以上婴配粉包装加注'生牛乳加工'或'生羊乳加工'字样"的规定，引起行业热议。有观点认为，这会推动婴配粉市场进入新一轮竞争。

该文件的核心主旨是什么? 又向婴配粉市场释放了怎样的信号? 这会不会影响婴配粉市场的竞争格局? 带着问题，乳业圈采访了普天盛道咨询创始人雷永军先生。

基粉也要有婴配粉资质或掀起新一轮并购联合

问：雷总您好，相信您已经注意到国家市场监督管理总局

发布的《进一步加强婴幼儿配方乳粉原辅料管理有关事宜的公告（征求意见稿）》。文件对于基粉作出进一步要求。比如，在两年内要逐步使用具备婴配粉生产资质企业生产的基粉，并提到了符合相关的规范要求，同时还明确要求在许可证明细中注明基粉规格、生产企业名称等。根据普天盛道咨询对婴配粉行业发展的研究，这一要求从产品层面会给行业带来什么变化？从行业发展或者从乳业顶层设计层面会有什么影响？

雷永军：现在的确还有不具备婴配粉资质的奶粉企业生产婴配粉的基粉。具体来说，就是 A 企业生产基粉，然后把这个基粉运到 B 企业，B 企业再加入一些营养素，进行混合，生产出最后的终端产品。这种生产方式对产品品质层面的影响不是特别大，却在监管上有问题。所以，当我看到文件里谈到，要在两年之内逐步让具备婴配粉生产资质的企业生产基粉时，我觉得这从侧面反映了一个事实：现在还有一些生产基粉的企业并不具备婴配粉生产的资质。

这是这项新要求的言外之意，反映出来的是过去在婴配粉监管上有一个非常重要的漏洞。我们知道，生产基粉实际上是把一罐婴幼儿奶粉里 90% 甚至 95% 的东西都放进去了。但是上述这样的基粉生产企业却不具备婴配粉资质，这就是漏洞。新出的要求，其实就是在说，两年后，普通的奶粉工厂就不允许生产基粉了。中间的两年是给类似企业的过渡时间。那么，为什么会有这样的规定？我想，可能是为了照顾有些企业，尤其是一些干法生产的企业，它们的基粉需要从第三方企业购买。

这个规定会对行业企业的布局产生影响。举个例子，因为 A（干法企业）和 B（湿法企业）是竞争性关系，那么 A 就不可能让 B 给它生产基粉。从这一点上来讲，新规定就是对干法企业，尤其是纯干法企业的生产线提出了要求。你必须得有配套的具备婴配粉乳粉生产资质的上游企业来提供基粉。从更纵深一些的影响来看，这可能会引发一些干法企业对上游湿法生产企业的并购或者合作。对于一些仅做基粉的工厂，则需要尽快取得婴幼儿配方奶粉的资质，否则，两年后要退出婴配粉行业。这可能会对婴配粉行业产生一些比较大的影响。

● 鼓励生牛羊乳为原料，标签仅需要备案即可

问：这么看来，文件对行业影响可能真的较大。乳业圈注意到，文件还有一个要求，就是鼓励企业以后以生乳为原料生产婴配粉，包括刚刚提到的基粉，从文件落地开始，新申请注册使用基粉的婴配粉产品配方，其基粉应直接使用牛乳或者羊乳加工。如果这个文件落地的话，您认为会对行业发展产生怎样的影响呢？

雷永军：我认为鼓励生牛乳和生羊乳作为原料是文件最重要的一个点。我注意到，文件还提到可在包装上体现这一点。

举个例子，在液态奶领域，一直有巴氏奶和常温奶之间的竞

争，巴氏奶声称自己如何如何好，但是常温奶在中国市场的销量更大，这是一个不争的事实。常温奶和巴氏奶在中国液奶市场整个销售规模中的比例大致为 8∶2，也就是说，巴氏奶在中国液态奶销售中，可能只占到了 20% 左右的份额。

同理，在婴配粉领域，有干法工艺和湿法工艺的区别，我们常说的干湿复合工艺的核心其实也是湿法工艺。

这其中，湿法工艺的企业一直在宣传"我是生牛乳入料、我是生羊乳入料"，但是，消费者是无法从一个奶粉罐子的信息判断哪个产品是湿法生产，哪个产品是干法生产的。

从国家市场监督管理总局发布的这个文件来看，新的要求是，"1 岁以上幼儿配方乳粉标签主版面产品名称下可标注'生牛乳加工'或者'生羊乳加工'字样"，同时还提到，"在标签调整后产品上市前，应按要求向省级市场监管部门备案，无须申请产品配方变更注册"。

我觉得这两点都非常好。这说明，企业可以在产品包装上标注"生羊乳""生牛乳"加工的标识。这就解决了消费者认知上的障碍。此外是备案制，企业只需要到相关部门备案即可，不需要再去走注册制流程。这相当于国家从政策监管上开放了。所以我认为，这是整个文件的点睛之笔，也是最重要的一点。这对行业的影响可能是比较大的。

问：我非常认同您的分析。另外，在包装上加注"生牛乳加工"或者"生羊乳加工"，同时还可以通过备案制快速通过，您认为这会不会推动婴配粉市场的变化？会不会迎来新一轮的市场竞争呢?

雷永军:我想说,我们不要小看政策对市场的影响!

比如 2013 年提出的兼并重组方案,当时大家都觉得迷茫,甚至对政策有所质疑。

的确,兼并重组的结果并不太好。可是,婴配粉行业随后在 2016 年又发布和执行了注册制,而注册制的本质还是要推进兼并重组。

当一个政策制定以后推不动了,它就会变成另一种形式的政策去推动这个市场的发展。所以,注册制的本质其实是要让兼并重组这件事情落地。但结果是什么呢?

结果是把全世界所有奶粉工厂都救活了。

因为 1 个工厂只能注册 3 个婴配粉品牌,所以一家企业,尤其是做得特别大的工厂,比如年产能 1 万吨的超级大工厂(国内有),也只能有 3 个品牌,那么它就需要和一些小工厂进行合作或者兼并。

据普天盛道咨询调查,有些企业的工厂很大,却开工不足,只能开工 30%—50%。但是它们为了获得更多品牌,又斥资几亿元重新建立 1 个新的工厂。当然,2 个工厂肯定是不够的。你要在市场上参与一个立体化的竞争,至少需要 9 个品牌,这意味着你至少得有 3 个工厂。

所以,我们看到,排名靠前、销量比较大的这些企业,每一家都有十余个品牌,七八个工厂,这些工厂都开工不足。

政策直接影响了行业、市场的变化，也影响了企业与企业之间的竞争方式。

另外，2016年婴配粉注册制推出后，也影响了消费者的行为。

从2016年到现在，已经八年了。市场一而再，再而三地发生着各种各样的变化，这个行业已经监管得非常规范。你的产品要换一下配方，或者要换一下标签上的某个东西，都要向主管部门申请，流程还是比较长的。

这一次方案提出"生牛乳加工、生羊乳加工可以体现在标签上"。大家不要小看这一个小小的变化，当这个规范落地的同时，一定会有很多湿法工艺的企业迅速地宣传湿法工艺比干法工艺好，然后把它标在包装的正面。

我认为这对干法生产的企业影响会非常大，会因此影响整个国内婴配粉消费的格局。

到时候，国内一定会掀起一场湿法工艺和干法工艺的竞争。大家不要小看政策文件中这三五行字，它的威力很大，会给整个市场带来很大变化。

● 政策推动婴配粉产业整合，鲜活战略企业或大放异彩

问： 谈到和生乳相关的新规，业内已经有不少声音把它和鲜活战略联系在一起。据乳业圈观察，业内有不少企业或品牌主

打鲜活战略，它们都在说自己的产品是生乳入料生产，或者说产品从生产到消费者手中一共不超过多少天，强调生产日期的新鲜等，您怎么看待这种市场现象呢？

雷永军：对于鲜活战略，我是有发言权的。

鲜活战略是普天盛道咨询在 2016—2017 年为君乐宝旗帜提出的企业战略。

这个战略的核心是君乐宝旗帜的生产工艺：零距离、一体化、2 小时就能生产出奶粉。我们是基于它的工艺提出来的"鲜活"概念。

鲜活，第一个是鲜，新鲜的意思；第二个是活，是活性蛋白营养的意思。

这家企业的生牛乳挤出后，通过管道零距离直接进入生产线。我们发现，这家企业生产出来的产品和其它乳制品企业生产出来的产品相比，新鲜度方面更好。由于加工工艺的特殊性和新鲜原料，奶粉产品中活性物质得以更多保留。基于上述的工艺特性、产品特性，我们提出了鲜活战略。

那么，鲜活战略在市场中的作用是什么呢？从企业竞争的角度，我们是怎么思考的呢？

我认为，鲜活战略是唯一可以和外资品牌提出的营养素概念进行对抗的战略。

在过去二十几年里，中国婴幼儿奶粉都是被外资奶粉的概念牵着鼻子走的。

大概 20 年前，中国婴幼儿奶粉的主流价格是一罐 900 克规格的奶粉 60—70 元。这是终端零售价，不是出厂价。而后来，每做一次概念的升级，就会涨价一次。比如加 DHA（二十二碳六烯酸），奶粉价格涨 10 元；加益生菌，又涨 20 元；再加益生元，再涨 30 元；等等。婴幼儿奶粉的价格就是这样一步一步涨起来的。后来加了乳铁蛋白、OPO（1，3–二油酸甘油三酯）等，价格更是直线上涨，奶粉价格很快就突破了 300 元大关，甚至还有 400 元以上的产品。

我们可以看到，过去将近 20 年里，婴幼儿奶粉的价格是持续上涨的。它的底层逻辑是每加一个营养素，婴幼儿奶粉的价格都会随之上涨。而且，每加一个营养素，行业里面的企业和品牌也会迅速站队。就是你加了某种营养素，那我也加。最后的结果是所有的国产奶粉都跟着外资的营养素概念向前走，没有自主的发展模式。

君乐宝旗帜有自己的野心，因此应该做挑战者的战略构想。基于此，普天盛道咨询才提出了鲜活战略。

现在我们能够看到，鲜活战略不仅成为君乐宝集团的核心战略，还有 30 多家企业也布局了这一战略，有 40—50 个品牌跟随君乐宝旗帜打出了这一策略。

有真鲜活，自然也有假鲜活。鲜活战略的背后有两个支撑：第一是原料的新鲜度要高，第二是加工的热伤害的强度要低。这样新鲜度和营养活性才能保留更多。

问：关于普天盛道咨询 2016—2017 年给君乐宝旗帜提出的鲜活战略，我们也有一些了解。您能否从行业的角度，再仔细谈谈如何理解鲜活，或者说怎么定义鲜活？

雷永军：鲜活的本质，其实就是我刚刚讲到的两个要素。

第一，原料的新鲜度要高。也就是说它在时间上更短，短到极致就是牛奶一挤出来，经过管道直接输送到生产线上，生产成产品。比如飞鹤提出的 2 小时生态圈，就是牛奶挤出来 2 小时内可以从牧场送到加工工厂。国内有很多企业都具备这样的条件。但是，也有企业可能是 3 小时。我相信，2 小时的就比 3 小时的要好，3 小时比 5 小时的要好。

另外还有一些企业，可能是昨天挤的牛奶，今天才进入生产线，那肯定就不如前面那几种情况。这类企业也很多。这就是原料的新鲜度。

第二，加工的热伤害的强度要低。牛奶从挤出到最后变成一罐奶粉，要经过好几道工序，每经过一道工序，其温度和加热时长共同构成了加热的强度。随着温度的提高和加热时长的增加，牛奶中的活性营养物质及其它营养物质就会受到影响。因此，在乳制品研发领域，科学界提出了"热伤害理论"来描述这一现象。

有些婴幼儿奶粉企业在前期加工的时候，使用了超高温灭菌，这样生产出来的产品绝对没有有害微生物，在检验上是完全过关的，但缺点就是把很多牛奶中的活性物质也杀死了，甚至彻底消灭了。也就是说，把好牛奶加工成了差产品。虽然它是安全的，但是它的品质却大大下降了。

这次文件提出对牛乳加工、羊乳加工标签的要求，说明国家市场监督管理总局在有意识地推动湿法生产工艺，推动相对鲜活的婴配粉产品。

问：那么您如何看待鲜活战略的前景？婴配粉企业参与行业竞争，在这一点上应该注意什么？

雷永军： 2017 年我给君乐宝旗帜的相关领导讲过，如果君乐宝旗帜有大的战略野心，就应该采取大的战略概念，我们提出的鲜活战略在行业中可以覆盖 500 亿元的销售额。

很多人好奇，这个概念从来没有人提出来过，普天盛道咨询是怎样给企业做战略、做产品概念的策略的呢？

我认为，企业要做多大，你就需要与之匹配的战略。

比如君乐宝旗帜当时想冲击全国头部，那它就需要配套头部战略、策略。鲜活战略就是头部战略。而且头部战略必须是长期战略。不能说今天打了一个战略，挺好的，等到下一个月或者下一年，这个战略就过时了。

现在，鲜活战略正当时。国家政策的内核就是这个，这会对行业的竞争产生非常大的影响。

产品策略和产品概念，是和企业战略密切相关的。婴配粉企业一定要注意。

（本文于 2024 年 10 月 23 日发表于乳业圈。）

第二十八章
每一家婴配粉企业的战略都应该重做

2024 年的婴配粉市场非常诡异，持续增长了超过 12 年之久的国产阵营多数企业销售不振，难有战略战术亮点。

然而，在国产阵营煎熬的时刻，2024 年进口四大家——雀巢惠氏系、达能爱他美系、菲仕兰美素佳儿系、a2 却齐齐交出了增长的业绩。

外资阵营为什么能够集体增长？国产阵营为什么遇到困惑？

带着疑问，乳业圈采访了普天盛道咨询创始人雷永军先生。下面，我们一起听听雷总对行业的解读和看法。

普天盛道咨询和婴配粉的不解之缘

乳业圈：雷总好，我们都知道您对婴配粉长期保持关注和研究，曾经多次提出奶粉行业拐点论和系统战略转型方法。请问，

普天盛道咨询为什么一直关注婴配粉这个行业？

雷永军：的确，我和普天盛道咨询团队对中国的婴幼儿奶粉市场有超过 20 年的关注和研究。

针对婴幼儿奶粉行业不同时期的发展特点，我们都曾经提出过有前瞻性的策略。

在 2005 年，我们提出了中高档产品破局思路；在 2009 年，我们提出了"三线市场堤坝论"和全面价格战倡议；在 2011 年前后，我们提出了"渠道推动"战略；在 2016 年前后，我们提出了"品牌拉动"战略；在 2019 年前后，我们提出了"系统赋能"战略；在 2023 年，我们提出了"顾客组链"战略；2025 年，我们又提出了全面拥抱 AI 智能的发展战略。

可以说，我和普天盛道咨询的同事们见证了中国婴幼儿奶粉行业高速发展的整个历程，我们是见证者、参与者，也是推动者和践行者。

在 2008 年之前，普天盛道咨询服务过白酒、家电、房地产、汽车、保健品、体育用品、服装等多个行业。我们是在 2009 年左右聚焦到乳制品这个行业的，其中既有三聚氰胺造成国产阵营企业的集体困境需要行业咨询的缘故，也有我们主动放弃其它行业的因素。

那时候，我们有个希望，就是希望我们曾经服务的国产奶粉企业能够重新振兴，重上巅峰。

也就是从 2009 年开始，普天盛道咨询专注于乳业和婴配粉，主要给企业提供战略布局方法和模式探索。

虽然婴配粉行业很窄，很小，但是我们有自己的使命和责任。

看到我们提出的很多战略思想或方法被我们的客户和国产奶粉企业采纳，看到国产阵营在 10 年后的 2019 年前后超过外资阵营，我觉得，我们的选择是正确的。

◆ 为什么去年国产婴配粉行业增长乏力？

乳业圈：国产婴配粉行业的确有过一个较长时间的高速发展阶段，但是您或许也看到，2024 年国产企业整体低迷，而外资四大企业却均有不同程度的较大增长，个别企业可以说是增长喜人。您怎么看？是不是国产婴配粉阵营仍然任重道远？

雷永军： 外资在 2024 年整体增长，这是事实。其实这个增长的趋势从 2022 年就开始了。

为什么说是 2022 年就开始了呢？我觉得有三个原因。第一，2022 年前后"95 后"进入了生育高峰期。这个群体不会轻易被洗脑，因此在三线市场，国产企业的撒手锏——线下活动和妈妈班几乎多数失效。第二，直播电商和传统电商同时发力，门店的社群营销也组织起来了，这些信息交互模式和成交场景，更加剧了消费者不愿意进母婴门店的现象。国产企业的渠道力最近两年因此大打折扣。第三，国产企业普遍躺在原有的经验上、功劳簿上不能自拔。我曾经在 2022 年撰文说过："如果不做战略调整，国产企业过去 12 年靠运气赚来的钱，将会用 3 到 5 年的努力亏完。"现在就是这个态势。

从这个意义上讲，国产阵营的确是任重道远。

不过，我们也不要气馁，因为我也看到了飞鹤、伊利、君乐宝、澳优、宜品等很多企业都在积极调整。

调整得怎么样呢？从我们的观察来看，整体调整得都不是很理想。很多企业的战略战术方法可能还是十分错误的！

战略调整理想的标志是什么呢？我想，标志只有一个，就是国产头部企业有两位数的增长。

● 到处刷脸和治理窜货是一种行业倒退

乳业圈：但是，我们也看了很多新闻报道，参加了不少大会，发现国产阵营整体还是十分冷静的，2024 年也似乎是辉煌一片，很多企业去年年终大会都开得非常成功。这是不是说国产企业本身并没有焦虑？或者说企业没有认识到自身的问题？

雷永军：有人说过，看一个人，不要看这个人在说什么，而是要看他在做什么。

语言和口号最能糊弄人。越是有问题的企业，往往越是在大型会议等表面功夫上极尽奢华。这就像很多中小网红开劳斯莱斯，早餐经常数百甚至上千元，可是真正的富豪却喜欢吃咸菜、油条配小米粥一样。

国产奶粉企业什么时候不搞那一套了，就说明国产奶粉企业真的成熟了。

去年底，一家国产奶粉头部企业的经销商见面会召开，据说场面极为宏大，企业也是投入数百万精心策划，还有晚会，等等。可是，参加大会的经销商们却一头雾水，六七个经销商会后组团来北京和我沟通。他们表示，这是这家企业开得最差的一次大会。他们没有从会议上看到这个企业 2025 年要做什么，有什么大的举措。他们只感受到，这个企业的高层在乞求渠道要紧密团结，争取多进货！

这反映了一个很重要的问题，就是这家企业在 2025 年没有清晰的战略和打法。

其实，这不仅仅是这一家企业的问题，而是整个国产奶粉阵营的问题。

我们能够看到，国内有很多论坛公司、招商公司、展览公司、培训公司，它们每年在全国加起来要开近千场大会或论坛，无数企业趋之若鹜，去混个脸熟，刷存在感。这已经成为国产婴配粉阵营大多数企业做渠道的核心方式！

这是国产婴配粉企业的整体悲哀。

没有任何战略模式作为基础的这种刷脸展示，只能让企业的弱点暴露无遗。

同时，你或许会看到，国产婴配粉阵营很多企业除了到处参加没有价值的会议，另外一个日常工作就是全国到处治理窜货。

参加论坛会议和治理窜货，现在是国产奶粉企业每天最忙碌的事情，也是主要的经营行为。这不是很可笑吗？

问题是，中小企业这么做，头部企业也这么做。大家都这么做，就见怪不怪了。

没有战略、没有模式，我们的企业将主要精力都放在了没有价值的地方，这是国产奶粉阵营今天最大的问题。说得严重一点，这是奶粉行业的一种集体倒退。

● 经验行事和懒于变革造成了今天困局

乳业圈：是的，温水煮青蛙。大家都这么做，都习以为常了，也就见怪不怪了。问题是，为什么会造成这个尴尬的局面呢？

雷永军：造成这个局面的原因也很简单。

首先，这是大家过去的成功经验。

10多年前召开论坛、展览是有作用的。因为那时候母婴渠道刚刚兴起，是碎片化的，还没有形成大连锁集团，是各自为战。而且，那时候移动互联网还不是很发达。因此，渠道需要论坛、会议和展览来深入了解企业。

这就是从2013年以来论坛、会议、展览模式形成的核心背景。

不瞒你说，国内做奶粉论坛最早的公司之一恐怕就是普天盛道咨询了。我们在2013年在上海举办了第一届中国婴幼儿奶粉战略论坛，是和上海育婴博士及六七家企业合办，有50多家奶粉企业参与，数百位渠道商参会，效果很好。2014 年，我们还和阿拉小优深度合作，在全国五六个省份举行了"动销中国"的招商大会。

其实，现在市场上的很多玩法，都是我们 10 多年前做过的事情。

问题是，现在什么年代了？上海和北京的婴童展都难以招到奶粉商了，却还有那么多企业对这种落后的模式乐此不疲。这就像参与战争，时代已经进入 21 世纪的无人机战术时代，我们却还拿着菜刀、长矛不放一样。

另外，我以为，这也是"95 后""00 后"消费者崛起、短视频粉尘化传播、消费者不进店、价格战不奏效等多重问题的综合效应。

总之，婴配粉市场发生了根本性变化，而很多企业没有清晰地认识其中的关系，更没有找到应对的办法。

因此，经验行事和懒于变革是造成今天局面的核心原因。

产生这两个原因的本质是什么？我想，本质还是所有企业没有脱离"渠道推动型"的模式和打法。

现在，奶粉企业至少要将模式进化到普天盛道咨询在 2023 年提出的"顾客组链"模式上。可是，大多数国产企业还停留在"渠道推动型"的思维体系里，这是很痛苦的，也是难以改变的。

🔵 头部企业应该审视自己的战略

乳业圈：是的，乳业圈每年也拜访不少渠道商和奶粉企业，

的确大家的所有策略都是围绕着渠道。可是，难道没有新的策略方向吗？国产企业能不能学习外资品牌？或者说中小企业能不能学习大企业？

雷永军：我在 2006 年前后写过一篇文章，标题叫《中小乳企不可学伊利》，当时在液态奶领域反响很大。很多液态奶行业的企业家告诉我，他们就是看到这个文章之后开始重新审视自己的企业战略，重新考虑和头部企业伊利、蒙牛的竞争关系。这才有了后来液态奶行业的百花齐放、百家争鸣。

今天，除了很多地域性企业都守住了自身的一片市场，简爱、认养一头牛、塞尚等很多新锐企业的发展，本质也是反伊利、蒙牛模式而制定战略，因此得以发展。

此外，君乐宝和新希望乳业的发展，也是重建了自身战略才成为乳业头部中的一员。这两家企业都曾经是普天盛道咨询的服务客户。

当然，我们也并不是完全反对中小企业向大企业、头部企业、外资企业学习。人家有好的产品概念、品牌策略、营销方法、战略思路，为什么不学习呢？

可是，中国奶粉行业过去 20 年的学习和其它行业不同，有很强的模仿性，甚至是照搬照抄，创新太少。

我们 2017 年给君乐宝旗帜做的"鲜活"战略，今天已经成为一个很重要的战略。这个战略和外资主导的产品营养素概念派、内资飞鹤主导的品牌口号派、伊利主导的渠道深耕派完全可以平

分秋色，而且未来的成长性很高。国家在 2025 年可能正式出台婴
配粉的鲜牛乳标签，这对鲜活战略的进一步发展有极大利好。

不少企业觉得鲜活战略这个概念很好，纷纷尝试将其应用于
自身品牌，现在已有近百个品牌打出鲜活这张牌。可是，很多品
牌并未理解鲜活的内核，只是拿来主义，照搬硬套。

2023 年，某头部企业也打过"鲜萃活性"的鲜活概念，可
以说有一些创新，但最终还是放弃了，改为其它口号，现在仅在
部分产品上提"活性营养"。因此，要学就要学内核，要通过学
来创新。要源于老师而高于老师，那样才行。

可是，中国婴幼儿奶粉行业不是这样。在三鹿时代，大多数
中小企业学三鹿；后来圣元、雅士利创出了"高举高打"模式，
于是集体学圣元、雅士利；澳优的单品牌运作不错之后，也有不
少企业照搬学习；尤其是飞鹤线下活动模式奏效后，全行业几乎
所有的企业都在做妈妈班，等等。

在 2005 年到 2022 年之间，几乎每两三年就有一些成功的模
式产生，大家争相学习。那个时候，无论你学什么模式，只要企
业内部没有太大的内耗，基本都能有所斩获。

可是，2022 年之后的市场环境彻底改变了，大企业自身的
战略都出了问题，没有了发展方向，销量甚至大幅度下滑，你还
敢学它们吗？

这个时候，中小企业一下子没有学习的榜样了。可以说，最
近三四年，国产阵营在企业策略上都是在浑浑噩噩中度过的。

我在 2023 年年初第五届中国婴幼儿奶粉战略论坛上就做过论述，要警惕进口婴幼儿奶粉企业的重新发力。

同时，我还善意地指出，国产头部企业集体陷入了"规模不经济陷阱"中，原有的虹吸效应结束了。可是，头部企业都没有认识到这个问题的严重性。根据我的观察，直到今天，虽然它们的增长压力极大，但还是没有深刻认识到行业的核心趋势。

大家都习惯了从渠道入手，加大品牌投放和压制经销商。可是结果呢？

结果是渠道连窜货都治理不好，加大品牌投放却收效甚微，压制经销商导致经销商怨言极大，经销体系和企业发展貌合神离。

在这样的趋势下，国产奶粉阵营安能不下降，进口奶粉阵营怎能不增长？？

头部企业必须重新制定新的战略。创新则增长，不创新则下滑！这是我给飞鹤、伊利、君乐宝等几家头部企业的核心建议。

🔵 每一家企业都应该重定战略

乳业圈：最后提个问题。大企业有战略创新的资本，它们应该怎么做？另外，中小企业压力很大，它们该怎么办呢？它们有没有新的机会，或者有什么战略突破的方法？

雷永军：大企业需要放下架子，放下过去成功的经验，重新审视行业发展的趋势和自身存在的问题，然后，在这个基础上重新设计发展战略和增长模型。

如果大企业调整好了，中小企业能不能学习呢？我觉得，最好不要学。

大家一定要注意，当前婴配粉市场的核心特点是"减量市场"。这是我在 2019 年左右创造的一个新词，目的是为了说明奶粉行业的未来发展趋势和特点。

减量市场不等于缩量市场。中国经济问题被大家解读成缩量经济，因此很多业内专家错误地将这个词也搬运到母婴行业和奶粉行业，在很多母婴行业论坛的加持下，很多人也就接受了缩量这个概念。

其实减量和缩量是完全不同的两个趋势表达。

减量指的是需求单位量减少了，通俗地说就是消费者数量减少了；缩量指的是单位需求量减少了，通俗地说就是购买力降低了。一个是需求单位量，一个是单位需求量，这在经济学的意义上千差万别。希望母婴行业和奶粉行业的专家们不要再以讹传讹了。

母婴渠道最典型的特征当然是减量。每年出生人口从 1700 万，到现在的 1000 万左右，减了多少？这会让行业的压力增大，也会让企业的战略模式变形。在人口减少的同时，经济下行导致的购买力也有所下降，这就是雪上加霜。

制定战略，要从减量经济的趋势中制定；制定战术，可以从缩量经济中思考。

　　把战术要素错认为战略要素，制定的战略自然会有很大偏差，甚至是失误，这会导致战略无效或者战略失败。

　　大企业现在面临的问题是，渠道主推不挣钱；中小企业现在面临的问题是，渠道不愿意主推，或者说主推也不产生较大增量。

　　这两个问题不是查审货、投广告、开论坛吃吃喝喝就能解决的，这是系统性的战略问题，牵扯到企业经营的方方面面。

　　例如，个别大中型企业的品牌主题到现在还是"专利配方"或者"品质超越"。我认为，它即使投几十亿的广告，估计对市场也没有太大作用；即使渠道能力再强，也是力战，不是智战，既浪费费用，效果也很差。

　　例如，不少大中型企业甚至还没有品牌口号，几十个品牌各自为政，无法形成合力。这样的投入和传播，最终结果是渠道无法收到品牌红利，企业毛利难以提升，传播费用高且毫无品牌效果。

　　例如，国产奶粉某头部企业，虽然是品牌打法，品牌主题从"更适合"优化为"聪明"，但这是从中高端定位、美誉度、价值诉求调整成了中低端定位、知名度、利益诉求的策略。我们一开始也不明白这家企业为什么要这么调整，因为聪明是三四五线市场消费者的需求。或许，这家企业是想加强三、四、五线市场的纵深，防范伊利偷袭。但从战略上讲，这个策略会影响到它和外资阵营的对抗能力，从长远看，会动摇老大地位。

　　例如，四五年前最有可能成为大黑马的某企业推出了贬低牛奶粉的口号，这极大地影响了该企业牛羊奶粉双举的战略。在这个广告策略出来之前，我们判断，这家企业三五年就可以成为国产阵营的第三或者第四，销量达到 60 亿—80 亿元，成为和飞鹤、伊利、君乐宝并肩的企业。现在恐怕难了，因为这家企业虽然在形式上仍然是牛羊奶粉并举，但是在战略上牛羊奶粉并举已经废了。

例如，现在国产奶粉头部企业和外资企业都重新使用了产品概念作为竞争核心，主打 HMO、乳铁蛋白，等等。很多人说这是奶粉战略的一次回归，但我觉得，这是国产企业对自主性战略的自我放弃。

国产奶粉头部企业要有较大增长，就一定要向上和达能、惠氏、美素佳儿、a2 开战，而且必须是全面开战。

因为，飞鹤与伊利的直接对抗，最终一定是两败俱伤。

2024 年，伊利提出超越飞鹤的口号，我并不是很赞赏。因为伊利如果要成为第一，它的必由之路是去和达能、惠氏、美素佳儿等企业开战，这样才能超越飞鹤。这个道理，对飞鹤来讲，是一样的。

中国敢于与美国在朝鲜开战，才真正奠定了中国百年和平，让中国成为今天可以和美国抗衡的国家。共产党打败了国民党，在全国剿匪，无论怎么成功都不足以让中国成为世界级的头部企业。这就是头部企业战略的出发点问题。

如果我们的战略初心都出了问题，结果一定是走弯路。

中小企业现在的问题是，部分企业家已经打了退堂鼓，觉得行业内卷，也没有什么好方法，于是，躺平吃老本算了。有企业家对我说，再干几年，行业实在不行就算了。这种思想非常危险。

我觉得，中小企业还没有到破罐纸破摔的份上。为什么？

第一，行业的毛利还不错，估计未来几年也不会有太大的下滑，这是婴配粉行业的大背景；第二，国产奶粉头部企业的问题不少，中小企业还没有受到全面打压，这是一个难得的窗口期；第三，外资企业虽然集体增长，但是并不稳固；第四，行业政策还会给行业带来不少变化和机会。

我想，只要国产奶粉企业敢于战略变革，很快就会调整好战略。虽然这的确很难。

如果 2025 年调整好了，国产奶粉阵营至少有五家大中型企业能够重新回到双位数增长。那时候，才是中国婴配粉国产阵营和进口阵营的决战时刻。

在这之前，每一家奶粉企业都应该重新制定全新的战略，以适应当前的机遇和未来的挑战。

最后，我用《毛泽东选集》第一卷第一篇的第一句话结束我们今天的对话："谁是我们的朋友，谁是我们的敌人，这是革命的首要问题。"

（本文于 2025 年 3 月 7 日发表于乳业圈。）

下篇
羊奶粉产业

第二十九章
羊奶粉营销的五个问题

2008—2010 年，我们为陕西银桥集团的阳光宝宝奶粉服务了三年，因此也顺便关注了陕西的羊奶粉企业几年。最近两年，更是走访了不少陕西的羊奶粉企业，既发现了一些问题，也发现了不少机会。

今天，我想从品牌和营销战略的角度来和大家探讨羊奶粉行业的问题和机遇。

💧 战略和战术

企业要先有战略，再有战术，最后有战斗。这是企业规划中很重要的一个关系。

可是，羊奶粉企业普遍只有战斗，没有战术和战略。这是很多陕西中小羊奶粉企业一直做不大的最根本原因。

　　据悉，某企业仅授权的婴配粉品牌就有 30 多个，每年获利颇丰。于是，一些企业家很羡慕，纷纷调整自己的策略，准备效仿此举。

　　我觉得，这样的经营行为很不值得效仿，更不值得学习。

　　首先，采用这种经营模式的企业缺乏战略主动性，被经销商牵着鼻子走；其次，这种经营模式是一种逃避竞争的方式，企业在市场上放弃了品牌规划和市场能力建设，缺乏长远的发展策略；最后，这种经营模式的风险很大，容易滋生产品掺假和质量危机，如果发生较大的危机，对渠道商影响不大，可是对企业就是灭顶之灾。

● 布局和策略

　　现在很多企业采取裸价销售，全国招商。这种布局和策略不可能产生有竞争力的企业，也不可能产生大品牌，是根本不可能做大做强的。

　　2006 年前后，我曾经应美可高特决策层的邀请，在天津和他们有过深入交流。当时我们向美可高特提出精耕区域、打造品牌、深化渠道的战略构想，强调要成为行业龙头老大，这个过程至关重要，是必由之路。但他们听不进去，因为那时候广告拉动招商的模式很盛行，大家都在这种模式上尝到了甜头，谁还愿意做基础性的、费力的布局工作呢？可是，没有这个布局，就没有企业做大的基础，就不可能成为老大。

这正是羊奶粉企业的普遍死穴，也正是中国羊奶粉行业做不大的核心原因。

● OEM 不足为惧

在调研过程中，很多羊奶粉行业的业内人士告诉我，有个湖南军团在陕西进行 OEM 贴牌生产，然后全国招商。这些企业有每年销售额几十万元的，也有几百万元的，还有几千万元的。

我分析认为，这是因为湖南出了从南山乳业脱胎而来的澳优，很多人都在学这种模式。当然，之所以有如此局面，最根本的原因还是陕西羊奶粉企业惰于战略，不善经营，没有竞争野心和竞争方法。

对此，我也找了不少业内朋友调研，其中就有湖南的羊奶粉经销商和企业家。调研结果是 OEM 不足为虑：首先，它们是陕西很多企业的依附企业，没有羊奶粉的根基，产品概念十分虚无；其次，它们在产品营销上没有集团化作战，还停留在打打闹闹的地步，不是大智慧；再次，它们大多数是商业思维，并没有企业思想，短期内难以形成做大做强，反手控制陕西生产企业的有效战略；最后，我觉得它们不可能在陕西拿到最好的产品。

以上四个方面，个个都直击这个 OEM 军团的命脉，只要有企业整合这个市场，这种模式的企业必然是昙花一现。

● 机会面前谁具慧眼？

羊奶粉行业有多大？可能会有人回答，2012 年销售额不到 20 亿元，行业太小，没有什么机会。

我不这么认为。按照中国奶粉市场 600 亿元销售额计算，羊奶粉应该占据 10% 左右，就是 60 亿元左右的市场。也就是说，羊奶粉的市场潜力还有 40 亿—50 亿元。请问，这是不是机会？

现在做得最好的单品销售额是多少？估计也就是 1 亿多元销售额，行业没有老大。在调查中，我发现，能做老大的企业太死板，不能做老大的企业多是瞎扑腾。请问，这是不是机会？

就这么一个小市场，却有两三百个品牌在销售，品牌数量比牛奶粉的品牌数量还多。因此，如果整合，那将是大机会。

不少人告诉了我一个行业问题：羊奶粉行业混乱，没有机会。我反倒觉得这是更大的机会。

当年三鹿倒下，成就了多少企业？几十亿的市场释放出来，多少企业"沾了光"。因为这个，中国诞生了一个从 20 亿元规模快速增长到 60 亿元规模的贝因美。

如果羊奶粉有从质量上整合的那一天，请问，这是不是后来者的机会？

● 行业呼唤整合者

　　整合这个词语已经说滥了，但真正了解和懂得整合精髓的人并不多。

　　在羊奶粉市场，其实外部资源、内部资源、资金、市场、渠道等都是常规，是必须做好的，且在当前都不是关键资源。我认为，整合的根本在于团队和品牌，整合成功的核心在于企业家的战略决策。

　　我和羊奶粉企业交流不少，但其中有野心、有雄心，敢于挑战自己、转变观念的企业家可谓凤毛麟角。我想，这或许才是羊奶粉市场或者羊奶粉行业最大的缺憾和挑战。

　　因此，羊奶粉行业的整合可能是由羊奶粉之外的企业发起，几年之后真正做大羊奶粉的企业，或许并不是今天市场上的羊奶粉企业。

（本文根据 2013 年 5 月 28 日雷永军项目分析会讲话整理，发表于乳业圈。）

第三十章
羊奶粉：大有可为

　　羊奶粉对我来说并不陌生。我是陕西人，小时候经常看到农民家里养奶山羊，他们挤了羊奶煮开后，给小孩或者老人补充营养。这是我对羊奶最初的认识。

🔵 羊奶粉大有可为

　　为什么说羊奶粉大有可为呢？

　　因为我们能够看到，羊奶粉在中国市场上已经发展到了 20 多亿元销售额的规模。虽然行业仍然很小，但是我们研究后判断，这个行业已经进入了快车道。

　　我们知道，中国婴幼儿奶粉现在的总销售额大约是 650 亿元，可是十几年前的婴幼儿奶粉市场是什么样子？

　　大概在 2000 年的时候，中国液态奶、酸奶、奶粉整体的销售额才 200 亿元。经过 13 年的发展，仅婴幼儿奶粉这一个品类的销售额就达到了 650 亿元，乳业全行业则达到了 3000 亿元。

我判断，婴幼儿奶粉还有增长的可能，在 3—5 年内会迅速达到或超过 1000 亿元销售额。为什么会有这个增量呢？因为全世界都看好中国这个市场，因为中国的人口出生率还不错。

如果销售额上了 1000 亿元，就会有 350 亿元的增量。

350 亿元对行业意味着什么？是 10—15 个飞鹤，或者是 10 个雅士利。

如今，羊奶粉在奶粉市场的销售额仅为 20 亿元，我判断 3—5 年内它很有可能会达到 60 亿元，未来甚至可能超过 100 亿元。

即使那样，羊奶粉在中国婴幼儿奶粉市场上也仅占 10%。10% 高吗？我看一点都不高。

羊奶粉的对手就是牛奶粉

谈到羊奶粉的增长，就必须研究它的对手是谁。

我认为，对于任何一家羊奶粉企业来讲，它只有一个对手，那就是牛奶粉。尽管牛奶粉的快速发展带动了羊奶粉市场，但是牛奶粉同时也是羊奶粉的直接竞争对手。

一个销售额 100 亿元级别的牛奶粉企业，可以轻松拿出 5 亿—10 亿元在市场上做广告，可以做很多事情，如果把推广费用计算在内，他甚至可能拿出 40 亿元。但是我们的羊奶粉企业能拿出来吗？肯定是拿不出来的。因为我们的羊奶粉企业体量都比较小，没有这个实力。

但是小就该害怕吗？一点也不！

首先，我们应该研究，怎样让牛奶粉的消费者知道羊奶粉好，引导他们转向羊奶粉。

对这个问题，只要宣传得当，我们应该相信消费者是有鉴别能力的。当然，企业也需要制定恰当的策略和战略。

其次，也不要怕牛奶粉企业。

我们深入分析牛奶粉市场后发现，自 2008 年以后，消费者普遍认为，贵的肯定就是好的。所以很多卖得便宜的产品反倒卖不动，这是市场变化的一个重要特点。

以国产的贝因美为例。它的销售额在最近四五年内从 20 亿元增长至近 60 亿元。这主要得益于大量的推广策略。它是上市公司，去看它的利润就一清二楚了。

再看雅士利。2003—2007 年，雅士利的销售额几乎每年增长 60%—70%，甚至翻一番，从三四亿元，用了 5 年多时间做到 30 多亿元。试想一下，在当时那样的增长环境里，2008 年之后它的表现会如何？2008 年，雅士利销售额 29 亿多元，之后的 2009—2011 年，销售额都是在这个数字上下徘徊。

如果我们把这些企业最近几年每吨产品的价格分析一下，你就会发现，它们的销量是下滑的，而且下滑幅度很大。

因为，过去很多企业 1 吨奶粉的出厂价是 6 万—7 万元，现在则飙升到十几万元。也就是说，出厂价翻了将近一番。你可以说企业的营业额增长了不少，但是企业卖奶粉的数量——吨数是下降的。吨数代表的是真实的市场占有率。

一个婴儿的母亲，不会因为今天奶粉很便宜就让孩子多吃几顿，也不会因为奶粉贵了就让孩子少吃几顿。因为孩子和大人不一样，他们该吃多少就吃多少，是相对恒定的。

所以我们看到，牛奶粉领域一些大中型企业，在最近这 5 年内几乎没有变化，甚至还有点下滑。如果再不调整，可能再过三四年，问题要更严重。

有的企业说"我去年还赚钱了，我赚了 5000 万元"。那我要问，你是怎么赚的？

你本来能够从 3 亿元销售额做到 5 亿元销售额，这就需要投入。如果你不投入，看似省下了钱，但从长远看，你失去了做大做强的市场机会。

这是我觉得羊奶粉所面对的牛奶粉中小型企业的一些现状。

因此，牛奶粉的中小企业没有那么可怕。它们还没有觉醒，这就是羊奶粉的机遇。羊奶粉在经营上体量小、企业数量多，这会给很多有志于在羊奶粉领域战略发展的企业非常大的机会。

🔵 5 年内产生 10 亿—20 亿元级的企业

当前羊奶粉企业现状是销售额百万级公司成群、千万级公司成行、亿元级公司寥寥无几。在这样的市场格局下，我认为机遇很大，未来会很热闹。

同时，我可以大胆预言：在羊奶粉领域，5年内将诞生10亿—20亿元级别的企业。这应该是没有问题的。

如果说，羊奶粉行业正如我所预料的那样做到了60亿元销售额，那会意味着什么？意味着未来5年左右必然要出现20亿元左右销售额的企业。

10多年前，大家一窝蜂投入液态奶。一位做到两三亿元销售额的奶粉企业董事长和我交流，说他认为液态奶增长很快，因此他也投资了。后来当他冷静下来后，他告诉我，奶粉才是最大的机会。我问为什么，他说，做液态奶不赚钱，做奶粉毛利高啊！

我认为羊奶粉领域也有这样的机会，羊奶粉的毛利大于牛奶粉。但谁会在5年后做到20亿元销售额？我想，大家都有机会，主要看怎么去做。

● 知大势，布大局，行大道

关于怎么做，我们需要对行业布局有一种逻辑性的认知，我总结了9个字：知大势，布大局，行大道。

这是我自己把握行业竞争的一个思维方式。要把握一个行业的大势，就需要一个明晰的战略。

当前羊奶粉行业遇到一个重要的问题，就是当你想通过降价获得消费者认同和市场快速发展的时候，你的竞争对手却可能在涨价，而且它发展得比你还快。

这是全中国所有做快消品的企业未来都会遇到的、非常重要的问题。

过去，我们有太多的企业是通过降价这个战略获得成功的。今天，我们会发现，几乎所有奶粉企业的低端产品都在萎缩，而中高端产品在快速成长，这是我们遇到的新问题。所以，我们需要对战略有全新的认识。

战略不是虚的，战略是非常实在的。知道了行业发展的大势，就可能产生明晰的战略。

有了明晰的战略，就要去布局、做局。

前面我们讲，你降价，市场不发展；别人涨价，市场却增长很快，原因是什么呢？是因为很多企业的战略模型出了问题，适应不了当前的市场竞争。

要做快速的品牌。

讲一个故事。小米手机在产品上市的第一天，仅3个小时，就卖出了10万部。在上市的第一年，就卖出了500万部。在上市的第三年，销售额做到了120亿元。

我们正处在一个品牌和传播方式快速迭代的时代，因为信息的传递发生了变化，所以如果在一个成熟的行业突然出现一个巨无霸企业，大家也不要奇怪。

　　这是我们每一个企业应该去思考的问题。我们应该拥抱这个新的信息时代。

（本文为 2013 年 7 月 18 日雷永军在中国第一届羊奶粉战略论坛上的演讲稿。）

第三十一章
陕西羊奶粉企业该向哪里去？

非常高兴有这个机会跟大家聊聊羊奶粉。

我是陕西人，很小的时候我就喝过包括和氏在内的很多陕西品牌羊奶粉。今天到了西安，算是回家了。

千亿目标要注意现实问题

对羊奶粉，我深有感触。我觉得陕西对羊奶粉行业提出的千亿发展目标，还是要降降温。现在的产值才 40 多亿元，我们拿 1000 亿元除以 40 亿元，就是 25 倍。也就是说，羊奶粉需要在当前规模基础上增加 24 倍。而我记得大概 2000 年，中国所有的乳制品市场，包括伊利、蒙牛在内，总产值是 200 亿元，现在接近 4000 亿元，4000 亿元除以 200 亿元是 20。

现在的市场不是过去的市场。国际市场对我们的国产羊奶粉产业肯定是有冲击的，因为中国人口多，购买力强，可以说全世界所有做食品的企业都看中这个市场。而这个市场的现状是所有的成本都相对较高。这是可怕的问题，也是我们规避不了的问题。

● 注册制实施后有两个核心变化

我认为，注册制实施后，羊奶粉市场会有两个核心变化。

第一个是竞争方式的变化。

羊奶粉这个板块的竞争对手是谁？一是和牛奶粉竞争；二是羊奶粉内部也有竞争。

前些天牛奶粉企业在北京开会，我在会上讲了一个很重要的主题：市场竞争已经从渠道竞争回归了品牌竞争。

2007年的市场是什么景象？几家企业的业务经理聚在一起商量，把市场上销量最好的门店或超市找出来，然后直接给店主钱，要在这个门店或超市做联合经销。因此，你就会发现空中飘的所有吊旗、地上贴的所有地贴，以及货架卡上插的所有广告都是来自这几家企业。这就叫品牌竞争。

那时候只要做广告，甚至有的企业的城市经理如果拿到企业高层授权，会直接找到门店店主，表示愿意把门店的四个货架全部买下，为每一个货架开出了比别人高出两三倍的价格，然后全部摆放他们的产品。这也是品牌竞争。

2008年以后，有了一个新兴渠道叫母婴渠道。这个渠道发展起来之后，婴幼儿奶粉迅速转到了渠道竞争。

2008年之前，排名前20的奶粉企业几乎都会投放电视广告，投放各种媒体广告。从2008年到一直到现在，排名前20的奶粉企业，每年的广告预算也就是几千万元，大家只是维持一下媒体关系，只有个别企业做了电视投放。可以说，这一个时间段里是无品牌竞争的，市场发展依靠的是渠道利益的驱动。

今天奶粉市场又回归了品牌时代，回归品牌时代最可怕的并不是企业要去买货架，而是牛奶粉行业会快速进行一次洗牌，很多中小型企业的发展机会会被压制。今年，我们就看到了有些企业销量下滑非常严重，它就是被洗牌的对象。这种变化给羊奶粉提供了一个很重要的机会，因为羊奶粉相比牛奶粉能够更好地维持渠道毛利。

迄今为止，羊奶粉市场还没有一家企业能够在全国形成非常大的影响力，我把它叫作"没有品牌化"。

品牌化是什么？就是消费者进店后会指定购买某个品牌的产品。今天大多数企业还没有品牌化，对我们来讲就是个非常好的机会，对一些觉醒的企业、创新的企业是一个非常好的机会。

第二个是消费者需求的变化。

企业在市场上的每一笔投入，每一个营销动作，归根结底是想抓住消费者。

我们怎么转化消费者的消费观念呢？

第一，找到消费痛点。产品含有DHA、益生元等，这是卖点，不是痛点。痛点是什么？痛点类似于一个人的穴位，点到这个地方，消费者就会感触很深。如果你在自己的产品上找到了影响消费者的"穴位"，那你就有可能在羊奶粉领域开创一个新的品类、新的概念。

第二，找到产业痛点。产业痛点往往是企业和企业之间的块状竞争，比如，陕西板块和进口板块的竞争，牛奶粉和羊奶粉的竞争。进口羊奶粉企业就抓住了羊乳清粉这个痛点，对国产板块影响很大，这就是产业痛点。

消费痛点搞定的是消费者，而产业痛点往往是要消灭一个企业或一个行业的板块。陕西的羊奶粉企业现在就在集体遭遇产业痛点。

● 两个问题和两个机会

针对陕西羊奶粉企业，我认为有两个问题和两个机会非常重要。

第一个问题：国产羊奶粉之间最好要团结，不要互相诋毁。互相诋毁并不能增加羊奶粉销量，对自己的企业也没有什么好处。

第二个问题：产业链合作需要智慧。怎样拔河会两败俱伤？就是两边竞争，把绳子拉断了，两边人都会倒下。中国人讲究和为贵。所以，中国的先贤才讲大智若愚。前几天，陕西一家羊奶粉企业和渠道商的矛盾引起行业热议，某企业家对此有个评论。

他说，自己也经常和渠道斗争，但是自己的原则是"斗而不破"。大家斗争的目标应该是双赢，而不是两败俱伤。

第一个机会：牛奶粉市场竞争加剧，将促使牛奶粉市场整合，这会给羊奶粉企业一个很好的机会。

第二个机会：羊奶粉已经脱离了小品类乳粉，成为一个几乎可以和牛奶粉平起平坐的品类。

在 2007 年前，羊奶粉就跟今天的骆驼奶粉一样，似乎是边缘化的品类。但今天我们谈羊奶粉的时候，每一个与羊奶有关的人都理直气壮，觉得它是一个大品类，是市场上被消费者认可的品类。这也是陕西羊奶粉企业和从业者几十年不断奋斗的结果。

如何应对注册制

注册制，对陕西企业影响很大。

注册制的核心是什么？是兼并重组。目的就是要整合。整合是什么？羊奶粉这个行业里还没有领头羊，那么这对大家都是机会。当然，牛奶粉的整合又会给羊奶粉挤出一点水分，让出一点份额。

凡是确定要发生的事情，就不要管它为什么要发生，只管如何应对就行了。市场不是在埋怨中成长的，而是在斗争中成长的。

今天，这个影响已经发生了，我们要从下面这几点去布局：

第一，要创新，不要留恋过去，也不要盯着现在，要为未来的变化做好今天的布局。

第二，要善于借力，更要善于引用外力。比如有些企业在发展过程中，资金短缺，但是又不愿意拿出自己未来的利益和别人共享或者和别人进行分配，那就只能局限在一个小的框架中。

马云把阿里巴巴做得那么大，但他的股份在个位数。可是，他的个位数股份的价值也比我们所有羊奶粉企业的市场价值加起来要大很多倍。因此，我们要用新的眼光、新的思维方式来看待企业的竞争和发展。

企业家和商人最大的区别，是企业家更看重未来。真切期望陕西的企业能够放眼 5 年后，根据 5 年后的竞争要素来制定今天的战略布局和战术打法。这样，陕西羊奶粉企业一定会发展得更好。

（本文为 2017 年 10 月 20 日雷永军在中国乳业：奶粉注册制与羊奶产业发展论坛上的演讲稿。）

第三十二章
再谈羊奶粉营销的五个问题

问：雷总您好，最近有不少朋友重读您在 2013 年写的文章《羊奶粉营销的五个问题》，说很有感触。我也重新阅读了这篇文章，发现您当年提的观点几乎都应验了。当时您是在什么情况下写的这篇文章？

雷永军：感谢您的认同。当时我写《羊奶粉营销的五个问题》，一方面是因为我们当时服务于陕西的银桥乳业，对羊奶粉有一定观察，有很多感触。另一方面是因为我们看到陕西企业普遍缺乏战略、战术，在未来羊奶粉行业销售额达到 60 亿元、70 亿元或者 100 亿元的时候，它们可能失去一次重大的发展机会。因此，我们就将研究的一些成果和观点写成文章，算是给陕西企业一点启示，也是为我们寻找有野心的企业和企业家客户做个铺垫。

我们研究后发现，这个市场的机会的确很大，但是参与的企业多数按部就班，没有策略意识。6 年时间过去，代加工的湖南军团已经逐渐衰落，或者转型了，从牛奶粉领域杀进来的澳优却成了羊奶粉的整合者。澳优取得的这个成果，正好证明了我们当时提出的战略战术、布局策略的胜利。

🔵 澳优能否一直独大？

问：澳优当前一家独大，同时市场环境和 6 年前相比变化很大。那么，当下市场面临的最重要的问题是什么？

雷永军：最重要的问题，我认为是竞争问题。羊奶粉行业竞争的核心在于，所有羊奶粉企业都应该要问问：澳优能否一直一家独大？

这就和惠氏销售额突破 100 亿元之后，我和飞鹤、君乐宝、圣元等企业的董事长探讨的问题一样——惠氏能否持续增长？

澳优虽然有很多优势，但是任何一个行业的发展都有它独特的规律，顺应规律就继续成长，反之则停滞不前，或者下滑。今天，澳优几乎占据婴配羊奶粉 40% 的市场份额，我们应该分析一下，它在 2018 年的市场占有率是由什么原因造成的？

一般情况下，大家都认为是三个方面，行业的自然增长、陕西羊奶粉丢掉的市场、代加工整合退出的市场。我认为，最重要的是陕西最大的品牌百跃御宝在 2018 年退出了市场，让整个行业的竞争失去了平衡。这个单品是当时市场上最大的单品，估计销售额为 5 亿元以上。如果百跃御宝没有退出，澳优羊奶粉战略就不会那么顺利地实施。

当我们这样看市场时，就会发现，澳优在未来的持续增长方面仍面临挑战。挑战来自两个方面：一是行业问题，二是澳优是否有担当做羊奶粉的老大，在战略上不断突破羊奶粉的外延，在兼顾竞争的同时，把羊奶粉市场的蛋糕做大。

陕西企业的机会

问：您说得没有错。问题是陕西有那么多羊奶粉企业，会不会有几个冒出来做大做强？

雷永军：理论上是可以，但实际上有很大难度。

我曾经说过，看一家企业就看三个人：董事长、总经理、销售总监。为什么要看这三个人呢？因为这三个人代表的是企业的战略、战术和执行力。陕西企业普遍缺乏战略，如果陕西企业在羊奶粉战略上清晰的话，怎么可能让澳优占了先机？同时它们的战术和执行力也有待提高，这也是应该向其它企业学习的。

原来陕西有四家企业有做大做强的机会，2018 年剩下三家有机会，2019 年我估计只有两家还有机会。未来会如何，还有待观察。

今天，陕西羊奶粉没有成长出 20 亿元规模的企业，这是个遗憾。但反过来说，谁调整得好、调整得快，谁就有做大的机会。

● 羊奶粉能做多大?

问：牛奶粉行业受到很多挑战，比如人口出生率下滑，比如您讲的"市场集中度提升"等，那么这个行业能做多大?

雷永军：澳优的董事长告诉我，2018年羊奶粉市场总量60多亿元，这个数字和普天盛道咨询掌握的数据差不多。羊奶粉行业普遍认为这个行业还有增长，我也很认同。我认为，羊奶粉还有3年左右的快速增长期，预计在达到100亿—120亿元销售额的时候进入瓶颈期。

从这个角度来看，羊奶粉行业在未来三四年中还有诞生销售额10亿—20亿元规模企业的机会，这应该是大家努力的方向。

只有战略、战术、团队调整到位了，才有机会。

● 市场还有变化

问：这么说，理论上不少企业都有机会，这是不是预示着未来的市场变化会很大?

雷永军：未来市场应该是有较大变化的。当前澳优独大，从市场规律的角度来讲，这是一种不平衡的现象。

如果将澳优比作可口可乐，那么，市场上应该有一家类似百事可乐的企业与之竞争。2019年政策红利基本消弭，这会让前一年虽然有所增长，但是战略并没有调整的企业感到很难受。不少企业甚至在 2019 年上半年就出现了业绩下滑的情况。

我们最近和几家羊奶粉企业有接触，发现一些企业希望彻底改变。这就如同我们在 2013 年展望羊奶粉的时候说的，"或许，羊奶粉的整合要从羊奶粉之外的牛奶粉企业开始，过不了几年，或许做得最大的羊奶粉企业不是今天做羊奶粉的企业"。

今天，不少牛奶粉企业已经开始布局羊奶粉，这会让市场的发展变数进一步增加。

战略仍然是第一要素

问：如果有变化，那就热闹了。竞争的格局和竞争的方式方法或许都会改变。那么，您要不要给羊奶粉企业提个醒？

雷永军：战略最重要。

我们发现，除了澳优，很多羊奶粉企业的战略都不是很清晰，它们太忙于事务性工作了，忙得似乎忘记了为何出发。

要有清晰战略，才可能诞生狠、准的战术，一线团队的执行才有奔头。期待所有羊奶粉企业能够明白战略的重要性。

（本文于 2019 年 6 月 25 日发表于乳业圈。）

第三十三章
给羊奶粉企业提个醒

2020 年，羊奶粉行业进入了竞争最激烈的时期。

对奶粉行业有深入研究的普天盛道咨询创始人雷永军，在羊奶粉行业有过多次重大战略性判断，均获得市场验证。此次，乳业圈就羊奶粉行业的下一步发展问题采访雷总，听听雷总对行业的判断。

问：雷总好，我们发现您在 2013 年就预言，羊奶粉行业会有销售额超过 20 亿元规模的企业，而那一年羊奶粉整个行业才 18 亿元销售额。是什么原因促使您有如此的预言？

雷永军：这个预言是我在陕西羊奶粉企业在上海组织的第一届羊奶粉战略发展论坛上发布的。

当时，很多做羊奶粉的企业都很诧异，还有人会后问我是不是说错了。我说，没有错——就是 20 亿元！他笑了笑说，怎么可能?!

好在时间印证了一切。

当时,很多人不知道普天盛道咨询是一个专业的乳品类战略咨询公司。我受邀参加这个论坛,也很慎重,因为这是中国第一个羊奶粉战略论坛,有非常强的行业指导意义。

为此,我在参加这个论坛之前,对羊奶粉行业的产业发展做了一个专门研究,将羊奶粉企业分为陕西阵营、进口阵营、其它国产阵营,得出三个结论。

第一,一些企业在羊奶粉布局上是战略性的,这为羊奶粉行业的快速发展提供了有生力量;第二,羊奶粉行业在消费者层面已经实现了成熟引导,天津的美可高特、陕西的和氏、美羚等企业做了大量引导工作,行业到了摘桃子的时候了;第三,羊奶粉是牛奶粉产品同质化之后的一个新的差异化增长点,有很强的产品黏性。

根据这三个结论,我们回顾牛奶粉的行业发展过程和态势,最终得出两个结论。

第一,5年内羊奶粉行业会高速发展,可能市场规模会超过60亿元,理论上会有一家企业做到销售额20亿元左右。

第二,传统羊奶粉企业太保守,在这一轮竞争中多数做不大。

会议只有30分钟发言时间,所以我们重点阐述了5年内行业市场规模会发展到60亿元以上,有企业可以做到销售额20亿元这一点。

　　当时，我一方面是想提醒陕西的羊奶粉企业，有人会远远超过你，你不能观望，必须变革；另一方面也想告诫当时的所有羊奶粉企业，行业有 40 多亿元的增量等着你去开拓。

　　问：能够体会雷总您的良苦用心，后来的结果大家都知道了，陕西企业并没有做大。您怎么看待这个结果呢？

　　雷永军：其实，我们当时已经看到了传统羊奶粉企业发展的瓶颈，我将这个瓶颈叫作规模瓶颈。简单来说，就是企业发展到一定规模的时候，就像电脑一样，需要对硬件、软件进行整体升级，否则就会死机。

　　可是，很多企业根本意识不到这一规律。

　　那次会议之后，我们至少接触过四五家羊奶粉企业，但整体上都比较麻木，不相信行业会有那么大增量，也不相信自己可以有高速成长。

　　行业规模和自我野心，是革命性变革的前提。如果这个前提都没有，你和他谈发展的战略战术，那是没有任何价值的。

　　后来佳贝艾特的发展惊醒了大家，但那已经是 2018 年了。今天想来，真为那些中小企业遗憾。因为，在当时高速成长的市场环境下，传统羊奶粉企业中至少有一家有机会达到销售额 10 亿元以上规模。可是，没有。

　　对这个结果，去年有个陕西奶粉企业的老板和我聊天，说：今天的羊奶粉市场印证了你 2013 年的判断是正确的！

　　问：这说明您对羊奶粉企业看得很透彻。我听说您在 2019

年和 2020 年又有一些预言，能否谈谈？比如，您在 2019 年年底提出，3 年内，也就是 2022 年左右将再次诞生 10 亿—20亿元级的羊奶粉企业！

雷永军：是的，我在 2019 年年底提出过 3 年内会再诞生销售额 10 亿—20 亿元级别企业的判断。这是因为普天盛道咨询在 2019 年年底服务了一家羊奶粉企业，更深入地对羊奶粉企业做了一次产业研究。我想，如果我们合作顺利，陕西这家企业有机会冲上销售额 10 亿元级别。另外，其它羊奶粉企业中应该也会诞生一家销售额 10 亿元级别的企业。

问：非常感谢您，最后，您能给中小羊奶粉企业提几点建议吗？

雷永军：对中小羊奶粉企业家，我觉得他们应该在这几个方面审视自身。

第一，更深入认识未来 5 年行业的发展趋势。

以 2013 年为例，如果陕西很多羊奶粉企业认识到行业以后会发展到 60 亿元、80 亿元市场规模，就不会满足于布局三五亿元的市场。所以，对未来有清晰的把握，才能够在今天布好局。

第二，一定要有清晰的战略。

战略是什么？是方向，是魂，是战术的母体。

在 2019 年的调研中，我们发现几乎所有的中小羊奶粉企业都没有战略，多数是走到哪里算哪里，这怎么能够做大？有的企业甚至没有清晰的全年计划，真是让人着急。

第三，要进行系统提升，不能头疼医头，脚痛医脚。

你可能已经注意到，中小羊奶粉企业的高层很喜欢开行业会议，喜欢在媒体上发布文章。这些对市场没有任何价值。你也可能发现，很多羊奶粉企业战略战术问题缠身，而自己并不知晓、掩耳盗铃。

走偏了可怕，但不知道自己的问题更可怕。

大多数羊奶粉企业都需要系统提升，但是如何提升？如何发现机会并抓住机会？如何布局 10 亿元规模的市场？很多企业还没有找到头绪。

第四，一定要警惕规模陷阱。

我们研究发现，中小羊奶粉企业中几家市场表现不错，却有严重的大企业病，人浮于事、决策冗长、内斗频繁。这几家企业虽然也一直增长，但还没有达到 5 亿元市场规模，却深陷 5 亿元陷阱。

"5 亿元陷阱"是我们 2008 年在奶粉行业最早提出来的，源于我们在服务几家 2 亿—3 亿元市场规模的企业时，观察它们在达到 5 亿元市场规模时的实践和观察。这个规模陷阱难以突破的核心原因在于，需要企业在战略、战术、管理、运维等多个方面实现综合提升。不突破这个陷阱，不少企业可能会永久停留在这个规模，甚至最终被市场淘汰。

第五，要维持团队活力，更要维持团队稳定。

刘备的团队中有中年的关羽、张飞，也有青年的赵云、马超，更有老年的黄忠。团队需要团结稳定，这是一种智慧，是每一个企业都必须修炼的课题。根据我从业以来的观察，没有一个企业是通过折腾人成功的。

相对稳定的团队，人才流失率一般不高于 20%。可是，我曾目睹有些企业的年度人才流失率高达 70%—80%，这样的企业，怎么让一线团队安心做市场？

以上五点，我真心希望羊奶粉企业能够给予足够重视。羊奶粉企业未来一定能够发展得更好。

（本文为 2020 年 5 月 9 日雷永军和媒体交流实录整理，发表于乳业圈。）

第三十四章
羊奶粉：未来可期

奶粉行业竞争进入纵深

在讲羊奶粉前，我想先给大家沟通一下 2021 年整个奶粉行业的情况。

我觉得，2021 年应该是每个做婴幼儿奶粉的企业和从业者都会永远记住的一年，这一年不亚于中国奶粉人记忆中的 2008 年。

为什么？因为在这一年，发生了几件对未来有非常大影响的事，这些影响会让奶粉行业发生巨大改变。

第一，中国的新生儿人口数量下滑。

过去奶粉人有个期望，就是如果开放三胎或者全面开放生育，中国的人口可能会涨到一个比较理想的水平，比如 1300 万或者 1500 万，并在此后保持稳定。但是，这个想法已经落空了。

第二，行业竞争已步入纵深阶段。

行业里销售额两百亿元级别的企业现在已经出现了，百亿元级的企业也有几个。甚至，还有企业将目标设定为 300 亿元级别。而整个行业也就 1500 亿元的规模。

当一个企业做到 300 亿元级别了，它的销量还涨不涨？做到 100 亿元级别的企业服不服？做到 50 亿元级别的企业追不追？

这个行业有 100 多家企业，前 5 家销售总额就可能达到 600 亿—700 亿元，前 10 家就可能达到 800 亿—1000 亿元，如果你只有几亿元销售额，你的位置在哪里？

因此，2021 年对每一个奶粉人来说，都是一个被迫的转折时刻。

2008 年三鹿事件后行业就是被迫转折，但那只是让我们对行业清醒了，而这一次会让个别企业感到绝望。

前段时间，我接触了六七家羊奶粉的企业家。我发现，大家都有一种"哀兵必胜"的感觉。我鼓励大家，要从另一个维度看待这个行业的竞争，要从战略上蔑视对手。

是呀，200 亿元级别的企业有自己头疼的问题，100 亿元级别的企业有自己头疼的问题；行业老大有自己头疼的问题，3 亿—5 亿元级别的小企业也有自己头疼的问题。大家都头疼，这个事情就好办了。

为什么？因为只要你的头脑是清醒的，你最先解决了头疼的问题，你就有可能抓住了未来。

● 行业的三个问题

普天盛道咨询研究认为，羊奶粉行业目前遇到了三个问题。

第一，市场规模是不是遇到天花板了？

当前，羊奶粉领域排在前面的企业增速放缓了，甚至不增长了，而后面的企业又没有找到高速增长的方法。

我们想一想，这种情况应该如何应对？

当大家都在说行业遇到天花板的时候，我建议你想一想，到底是行业遇到了天花板，还是你的企业遇到了天花板？

如果竞争对手还在增长，但你没有增长，那就是你遇到了天花板。

此外，还要看行业规模的"池子"到底有多大。如果你打造了一艘航空母舰，却想放到自家后院的池塘里，那肯定是放不下的。

因此，你要看这个行业是不是汪洋大海，或者说你能不能突破自己，进入汪洋大海。

对羊奶粉这个行业，我始终认为，大家应该将着眼点放在整个婴幼儿奶粉市场，而不是单纯的羊奶粉市场。整个婴幼儿奶粉市场就是汪洋大海，当前有 1500 亿元市场规模，羊奶粉才 100 亿元市场规模。

因此，我认为羊奶粉行业并没有遇到天花板，而是我们的增长模式和增长方法没有创新，没有契合的企业发展和竞争方法，导致我们的羊奶粉企业遇到了天花板。

第二，高毛利是不是保不住了？

很多行业，在市场竞争进入胶着状态的时候，就会有低价竞争出现，这就是普遍意义上的价格战。

恶性竞争式的、战略性的低价行为，其意图就是要在这个领域里把正常企业的发展节奏打乱。

在牛奶粉行业里，也曾出现过130元的婴幼儿奶粉、99元的婴幼儿奶粉。为什么君乐宝最后把130元的模式扔掉了？因为这个模式不合时宜。新希望99元的奶粉，为什么后来也不做了？因为它不符合行业发展规律，不可能成功。

行业是一个生态，是生态就有食物链，就不可能让草野蛮生长，也不会让兔子繁殖太多。高毛利就是食物链，就是这个行业当下的生态规律。如果你不保高毛利，你的生态链就有可能最先断裂，你很有可能是最先倒下的。

第三，出生率对企业的影响有多大？

出生率持续下降确实给婴幼儿奶粉行业泼了一盆冷水，但是对市场的影响相对有一定的滞后性。

一段婴配粉的销售量小，而且主要掌握在外资手里，因此对国产企业影响大的还是二段、三段婴配粉。而三段婴配粉在多数企业占据将近一半的销量，从这个销售结构来看，当年的人口下滑，对不少企业的影响也在一年半之后。

另外，我们还要考虑，出生率的下降对谁构成最大挑战？一定是行业第一、第二、第三、第四、第五的企业，因为它们的发展直接和行业大盘相关。

对于羊奶粉这个品类来讲，如果企业销售额仅三亿元甚至一两亿元，我认为出生率对你的企业几乎没有什么影响，或者说影响很微小。

以上三点，我认为是当前羊奶粉行业思考比较多的问题。

企业的三个问题

除了行业的问题，我还想谈一下羊奶粉企业的三个问题。

第一，企业增长难。

企业在增长的过程中，什么时候该驻足观望，什么时候该全力冲刺？

现在有的企业看到羊奶粉婴配粉企业增长遇到了问题，于是问我，是不是该转型去做营养品？要不要把重心放在成人奶粉上？我觉得这是典型的没有战略定力的表现。

当前，羊奶粉本身的竞争刚刚有所升级，还没有到最后定格的阶段。

什么叫定格？看看液态奶领域的伊利和蒙牛，理论上是没有企业可以把它们打败的，这就是定格。

羊奶粉今天定格了吗？这个行业还朝气蓬勃，充满着无限可能！

我们要清醒地认识到，当前增长难的根本问题是，我们的小企业太小，无法做大羊奶粉这个蛋糕，大企业在国内无法全产业链落地，仅是吃红利的商业行为。

我相信，这个现状不会维持太久。

第二，企业压力大。

谁压力不大呢？大企业不仅要给经销商交代，要在市场战略上做变革，还要向投资者交代。

对于中小企业来讲，你不是上市公司，体量还小，不需要向投资者做交代，很多更大的压力，都在大企业那里。因此，压力越大的环境，对中小企业来说，其实越是机会。

小不可怕，怕的是你没有找到做大的战略和战术。

第三，竞争难布局。

对此，我觉得每一家企业的负责人都要问自己两个问题：一是每年在市场上落地的策略，到底有没有效？二是你的增长到底来自哪里？

有效还是没效，销售额的增长就是硬指标，但仅凭销售额增长并不能完全反映企业的良性发展。实际上，只有当你的增长率超越行业平均增长率，超越主要竞争对手，才真正意味着你的企业在增长，迈向良好发展。

增长到底来自哪里？是把排在第一阵营企业（品牌）的消费者争取过来，还是把比你体量还小、品牌还差的企业的消费者争取过来？这些都要有整合性的布局和谋划。

遇到问题并不可怕，可怕的是我们没有方法。而当前的关键问题是，很多企业在战略、机制、管理和流程上，没有有效的方法。

● 向牛奶粉企业发起进攻

那么，战略、战术的具体策略方法在哪里呢？我相信，就在未来。

举个例子。我们在 2013 年提出，羊奶粉行业 5 年内市场规模会从 20 亿元增长到 60 亿元。这个预言在 2018 年已经应验。问题是，你在 2013 年的时候，会相信普天盛道咨询这个专业性的预言吗？

很多企业当时都不相信。可是，澳优佳贝艾特就相信。因此，它在行业里创造了一个发展的奇迹。

今天，我们还可以说，5 年后羊奶粉行业有机会做到市场规模 200 亿元，有 100 亿元的增量。

对于羊奶粉行业如何迅速达到 200 亿元市场规模，我给羊奶粉行业提个建议。

羊奶粉行业向上是奶粉行业，是 1500 亿元规模的大市场。如果我们仅在现在的 100 亿元市场规模里你死我活地斗争，产生不了伟大的企业，也不可能把行业做大。因此，我们有必要眼睛向上，看看能否从这 1500 亿元市场规模里做文章。

因此，我在这里提议：全中国的羊奶粉企业联合起来，向牛奶粉企业发起进攻！

　　如果所有羊奶粉企业都去这样干，只要原料供应没有问题，三五年内把牛奶粉行业拉下百亿元市场份额是完全有可能的。

　　不仅正面对抗有效，有时候品牌建设、公关策略更能够吸引消费者，更能够战胜对手。

　　今天，我们陷入了羊奶粉企业内部对垒的局面。如果我们的大企业还跟小企业去对垒，那么羊奶粉这个产业是做不大的。只有羊奶粉企业团结起来，一起向牛奶粉企业发起进攻，200 亿元销售额的目标才可能实现。

　　而且，我认为这是唯一快速发展的途径。

三个制胜法宝

　　未来已来，但是真正的竞争、残酷的竞争还没有到来。

　　第一，只有竞争，才有未来。

　　第二，依靠群众，发动群众。

　　第三，团结一切可以团结的人，团结一切可以团结的力量！

　　（本文为 2021 年 9 月 26 日雷永军在第四届羊奶粉大会上的演讲稿。）

第三十五章
羊奶粉：中国出路

非常高兴有机会在陕西论坛上谈羊奶粉的发展，这是我第一次在陕西的全国性会议上讲羊奶粉。因为陕西是中国羊奶粉发展的摇篮，因此在陕西这个地方谈羊奶粉，我觉得有一种特殊的含义。

说起羊乳的中国出路，大家就会想到"世界羊乳看中国"。的确，这不是一句虚言。放眼世界，只有在中国，才诞生了羊奶粉这个大产业，同时也诞生了多元化的创新羊乳产品。更重要的是，在全球所有的经济体中，只有中国的羊乳产业发展最大、最快。另外，我们知道，陕西有几十家羊乳全产业链的企业，也不乏"牛羊奶粉并举"的企业，陕西的羊乳产量是全国其它地区产量的好几倍，所以就有了另外一句经典的口号：中国羊乳看陕西。

在一片大好形势下，纵看陕西羊奶粉的产业发展，我们就会发现，大家的产业链做得都不错，产品也都挺好，但是陕西却没有诞生羊奶粉的大企业。

因此，我有一个感触，就是陕西羊奶粉板块万事俱备，只欠东风。

增量市场和存量市场

怎么看增量和存量？

谈及羊奶粉市场的发展和未来，首先还是要提到中国奶粉市场。

在 2000 年，中国的奶粉市场（全中国所有奶粉企业）大约为 30 亿—40 亿元市场规模，当时中国乳业总规模是 200 亿元。

2022 年，中国奶粉市场规模已经做到了 1500 亿元。从 30 亿元到 1500 亿元，我们用了 22 年的时间，增长近 50 倍！

羊奶粉市场在 2000 年还非常之小，可能不足 1 亿元规模。但是今天羊奶粉也已经成长为一个 100 亿元规模的市场，它的增长达到了百倍甚至更多。这是我们今天看到的市场的情况。

2000 年之后，中国奶粉市场一直在持续增长。大约在 2010 年之后，奶粉的价格一路飙升，从当时每罐（900 克）大约 80 元，涨到了两三百元，甚至 400 多元。在这个过程中，中国奶粉出现了不少规模企业。可以说，过去 10 多年，行业一直在高速成长。

我曾在 2016 年预言，当时的头部企业飞鹤在 5 年后有机会做到销售额 200 亿—300 亿元规模。那时飞鹤的年销售额是 30 亿元规模，在 5 年多的时间里面要增长 200 多亿元。这就是头部企业的发展轨迹。

因此，头部企业出现后，对中小企业，尤其是对羊奶粉企业产生了很大影响。

为什么？因为几乎所有的头部企业、腰部企业，也就是大中型奶粉企业，现在都去做羊奶粉了。

有人问我，普天盛道咨询把过去的市场叫什么？

叫增量时代。

增量时代就像大家都在跑马拉松，未来的路程很长，但你只要努力就可以，即使你在路上摔倒了，甚至被人踩了一脚，也没有关系。爬起来继续跑并不影响你的前进。

今天，奶粉市场已经进入了存量时代。

存量时代就是许多人在一个狭小的通道里争先恐后地往前跑，很容易发生踩踏事故，一旦你摔倒了，就会被人踩在脚下，站不起来。

这就是今天的奶粉市场存量竞争的特征。

所以，我们要想看到羊奶粉的未来，就先要看到中国奶粉市场今天正在发生着什么，它的战略态势是怎样的。

那么，行业有这样的态势，我们还敢竞争吗？我认为不要怕，因为对很多企业来说，羊奶粉还是一个新赛道。

对于整个奶粉行业来讲，存量时代是短暂的，我们很快就会迎来减量时代，那时候竞争会更加激烈。我们需要注意的是，区别于整体的中国奶粉市场，羊奶粉当前仍然处在增量时代，其未来市场充满无限可能，等着大家去开拓。

● 老红利和新红利

陕西的羊乳大约在 20 世纪 70 年代就已经享誉中国了。根据资料记载，那时候陕西羊乳还曾支援北京、上海、广州等地，帮助这些城市的孩子获得乳品的喂养。

从那时候起，一直到大约 2020 年，全中国所有的羊奶粉企业都在吃陕西羊奶粉企业培育出来的行业红利。

2021 年，这个红利达到了顶峰。

因为在这个红利的基础上，能被开拓的市场已经全部开拓，接下来就需要大家去做增量。但是如何做增量呢？我觉得，全行业需要进行一次深刻的品类教育。

可是，羊奶粉行业的头部企业还没有意识到这是行业发展的关键所在，因此，羊奶粉行业进入了存量竞争时代。好在，今年我跟几位羊奶粉企业家沟通，他们都一再表示，要致力于市场增量的教育工作。

因此，这个市场的未来是可以期许的。

● 竞争战略和布局模式

看清当前中国羊乳市场的大致状况后，我们需要认识一下中国羊奶粉企业的战略布局和模式布局。

过去，普天盛道咨询一直认为，在羊奶粉领域，陕西企业是一个整体的阵营，因为它们的模式、产业布局非常相似。另外，羊奶粉市场如今除了头部企业澳优，又出现了一个头部企业宜品。与此同时，羊奶粉赛道中多数企业规模还比较小。

在最近的两三年，国内的一些大中型企业，包括伊利、蒙牛、完达山、圣元、雅士利等都进入了羊奶粉领域，这使得行业的布局、战略比过去更复杂。

这对陕西的羊奶粉企业的模式布局提出了非常大的要求。

过去的羊奶粉市场竞争，我认为可以分为三个阶段。第一阶段是市场进行简单竞争；第二阶段是中间五六年，个别企业对中国国产的羊奶粉有偏见，市场的格局发生了很大的变化；第三阶段大约从 2021 年开始，国产的力量重新崛起。普天盛道咨询认为，这个市场又有新的模式可以去布局。

所以我认为，对于陕西羊乳甚至中国羊乳来讲，这都是一轮新的机会。

● 政府角色和企业野心

谈及此，我还想讲一下陕西的千亿羊乳产业计划。陕西千亿羊乳产业要真正地实现，需要两样东西。

一是企业的野心。

未来的竞争是时间和空间的竞争。

中国人讲"格局"。"局"是时间和空间的交汇，那个交汇点就是机会；"格"是对这个交汇点的认识。

营销的本质是立志，如果没有志向，很多事情是做不好的。所以我希望企业要有野心，有野心才能洞悉未来。

二是政府的角色。

企业遇到问题、产业遇到问题的时候，政府应该做什么？

我们预计，如果羊奶粉的头部企业不出问题，羊奶粉行业到 2027 年左右可能发展至 200 亿元规模。从理论上讲，到那个时候就会诞生销售额 50 亿元级别企业 1 家，20 亿元级别企业 2 家，10 亿元级别企业 3—5 家。从这个角度来讲，陕西企业、国产企业还有很大的机会。

要达到这个目标，需要所有的羊奶粉企业去和牛奶粉争市场，而不是羊奶粉企业之间争斗。当然，这很难实现。

世界羊乳看中国，中国羊乳看陕西。陕西羊乳是中国土生土长的企业，不仅开创了婴幼儿羊奶粉这个品类，同时还有很多创新和品质上的优势，我们现在欠缺的是，如何去做好企业战略，如何去做好品牌，如何去做好团队，如何团结起来做增量。

因此，我建议陕西羊奶粉企业联合起来，向所有进口羊奶粉品牌发起进攻，向所有牛奶粉品牌发起进攻。

这样，行业才能做大，陕西企业才能做大。

（本文为 2022 年 7 月 30 日雷永军在中国第十二届母婴童行业发展大会上的主旨演讲稿。）

第三十六章
羊奶粉企业：还有没有做大的机会？

婴幼儿羊奶粉行业增长困难，中小婴幼儿羊奶粉企业普遍增长乏力，羊奶粉的头部企业也遭遇战略挑战。怎么办？这个行业未来还有没有机会？尤其是陕西的羊奶粉企业，普遍规模较小，还有没有发展的机会？

这是整个行业最近一年来对羊奶粉市场的普遍困惑。不仅是奶粉企业，品牌代理公司和经销商、门店也都感到非常迷茫。

针对这些问题，乳业圈采访了普天盛道咨询创始人雷永军先生。

问：雷总您好，最近行业对羊奶粉讨论很多。在过去 10 多年里，羊奶粉行业曾经历过一段高速发展期，但是遗憾的是，陕西的婴配粉羊奶粉企业，除了百跃曾经接近 10 亿元销售额，其它企业营收基本上在 10 亿元以下。后来者澳优和宜品的销量现

在都超过了陕西的单体企业，您觉得陕西的羊奶粉企业没有做大的主要原因是什么？为什么陕西企业没有抓住高速成长的机会？

雷永军：2009 年至 2019 年，是中国婴幼儿奶粉的黄金十年，也是行业的增量时代。其间，整个婴幼儿奶粉行业销售额从 300 亿元做到了 1500 多亿元，增幅 1200 多亿元。销售的吨位也从不到 30 万吨达到了 90 万吨，增幅 60 多万吨。

这么大的增幅，从理论上来讲，作为西北奶粉重要地区的陕西奶粉阵营的企业，应该诞生一家羊奶粉销售额在 30 亿—50 亿元级别的企业，也应该诞生一家销售额在 20 亿—30 亿元的企业。

陕西的羊奶粉板块为什么没有做大？我觉得主要是没有把握好市场机会。

2009 年，我带领普天盛道咨询的同事们陕西最大的乳企银桥集团的阳光宝宝奶粉提供战略咨询服务。那时候，我几乎每个月都要去陕西几天，因此对陕西的羊奶粉也比较关注，也比较了解陕西的羊奶粉现状。

在过去十多年里，陕西羊奶粉有两次重大的机会。

第一次是在 2013 年，中国第一届羊奶粉论坛在上海召开，我受到邀请，在论坛上做了《中国羊奶粉行业发展趋势》的演讲。我提出了一个很重要的观点，就是从 2013 年开始，羊奶粉将进入高速发展期。我预测了羊奶粉行业未来发展的两个趋势：第一，中国的羊奶粉市场会在 2013 年全国 20 亿元总销售额基础上，5 年内增长到 60 亿元；第二，5 年后的 2018 年左右，行业会诞生一家销售额 20 亿元的企业，这一销售额相当于 2013 年全国羊奶粉企业的销售额总和。

这个论断在当时引起轩然大波，很多人都以为我讲错了。其实他们没注意到时机。因为当时市场发生了非常大的变化，很多人没有意识到。

在 2013 年之前，很多企业不敢说自己是羊奶粉企业，当时的市场更接受牛奶粉，不少企业甚至把羊奶粉掺到牛奶粉里面去卖，冒充牛奶粉。

2013 年是羊奶粉行业的一个重要的转折点。在那一年，羊奶粉企业找到了它比牛奶粉更好的卖点。羊奶粉企业开始很明确地说自己是羊奶粉产品，而它们的顾客就来自原来牛奶粉的顾客。也就是说，它们通过营销手段把牛奶粉的顾客转成了羊奶粉的顾客。我们就是看到了这个趋势，以此为蓝本，展望了羊奶粉行业 5 年后的发展格局。

当时牛奶粉的销售额已经有将近 650 亿元，假设有 10% 的顾客转成羊奶粉的顾客，那么就是 65 亿元。5 年时间其实还是比较长的，增长 2 倍多应该没有问题。因为那个时候羊奶粉的企业都很小。

这是羊奶粉行业的第一次机会，我认为陕西企业基本上没有抓住。

第二次机会是 2017 年左右，也就是奶粉注册制落地的时候。那是又一个转折点。所有的婴幼儿奶粉企业开始重新整合自己的品类战略，打造自己的销售模式，甚至重新构建企业战略。

行业出现重大变化的时候，多数企业不知所措，那就是时机。

当时政府推动了这项变化，推出了注册制。陕西企业这时应该在战略上进行调整，但是非常遗憾，几乎没有企业去做这个关键的动作。

于是 2018 年之后，正如我刚才所讲，跳出了宜品这个企业，它是从牛奶粉转到羊奶粉，用了 5 年时间迅速做大。

从 2013 年到 2018 年，羊奶粉行业出了一个佳贝艾特；从 2018 年到 2023 年，又出了一个宜品。它们两家现在是羊奶粉领域的头部企业。

为什么其它企业没有抓住高速发展的红利，没有抓住高速发展的机会？

我觉得核心原因还是它们普遍缺乏战略布局和竞争意识，没有勇气去迎接机遇和挑战。

在 2013 年第一次时机到来的时候，或许它们对市场的认知还不够清晰，我认为这是情有可原的。因为它们是从 0 开始，一点一点滚动发展起来的，缺乏战略意识是正常的。但 2017 年第二次机会到来的时候，它们已经吃了第一次的亏，却还不做战略调整，这就是不可原谅的。

问：我们也注意到，您前段时间在郑州的中国婴幼儿奶粉大会上有个发言，其中提到了羊奶粉企业澳优、佳贝艾特的发展和陕西羊奶粉企业的竞争对标。您说陕西羊奶粉企业在四五年前其

实是有机会打破发展格局的，个别企业甚至可能做到销售额 10 亿元、20 亿元规模，但是错过了。请问，那是个什么机会？您能再说说吗？

雷永军：是的，我在郑州那个大会上有个发言。

任何一家企业在发展的过程中，都有自己的问题，这很正常。那么我们为什么要去研究企业，研究竞争对手？

第一，竞品企业身上有哪些优点、策略、方法是非常好的，你是否可以拿回来使用？

第二，要研究这些企业有哪些问题。比如它是你的直接竞争对手，它有矛你有盾，你该如何进攻和防御？

第三，企业在发展过程中什么时候自身会出现问题，它出现问题的时候，会给市场带来什么机会？我们应该如何去抓住这些机会？

这就是竞争战略的一个基础逻辑。

当然，现在已经是新时代了，有些企业的战略性问题、系统性问题、产品问题已经成为过去式，或者已经得到了解决，问题已经不是问题了，这时候是可以拿出来谈谈了。谈了，对行业的发展会有利，对当事的企业也没有什么影响。

你应该知道，普天盛道咨询在 2018 年时有个提法，说行业分为三个阵营：佳贝艾特、陕西羊奶粉企业和其它羊奶粉企业。那时的行业老大在战略上有巨大缺陷，完全可能成为陕西本土羊奶粉企业的竞争对象。我们观察到，国外搞资本投机的某机构也关注到了这个问题，但是它毕竟不是业内人士，对业内问题的认识水平有限，虽然有一些点抓得很对，但是仍然没有抓住有深度的关键点。

如果陕西企业参与进来，这个问题被扩大，那么行业至少60亿元的市场就会重新分配。遗憾的是陕西企业没有从战略竞争的角度看到这个机会，仍然各自为政，仅仅从战术上去做市场。它们不仅没有抓住这个机会，反而集体陷入了全羊和半羊的争论，影响了渠道和消费者的信任。也就是从这个时候开始，陕西的羊奶粉企业集体陷入了战略迷茫期，一直持续到现在。

由于它们缺乏竞争意识，作为羊奶粉老大的澳优渡过了一劫。现在，行业老大的配方也已经改变，陕西羊奶粉企业完美地错过了竞争的所有窗口期。

随后5年，因为陕西企业一直没有解决战略问题，宜品羊奶粉才得以高速发展。所以，在2022年的时候，普天盛道咨询将羊奶粉行业划分阵营为：佳贝艾特、宜品、陕西羊奶粉企业和其它羊奶粉企业。

在羊奶粉行业，宜品是个黑马，过去5年几乎是从零起步，发展成了行业第二名。宜品进入羊奶粉领域很晚，为什么能够发展得这么快？就是因为其它羊奶粉企业缺乏战略思维。

由于缺乏战略，这些企业在2013年和2018年，分别将自己培育了20年的羊奶粉发展红利拱手让给了佳贝艾特和宜品。形象点说，陕西企业开荒播种了羊奶粉，成熟的时候被佳贝艾特和宜品收割了。

在企业的发展过程中，相同的机遇是不可能重复出现的，而新的机遇又需要企业家有足够的市场敏锐度。

在 2013 年到 2023 年，陕西羊奶粉没有出现销售额 10 亿—20 亿元级别的婴幼儿奶粉企业，这不是行业没有给陕西机会，是陕西企业没有抓住机会。

现在，羊奶粉行业仍然有这样的战略机会，但是这一轮的机会对企业的要求很高。我们发现，在整个羊奶粉行业，多数企业没有战略思路，个别企业战略不清晰，整个行业天天忙于渠道的无序开拓，而不去从战略上思考企业的发展方向。我们期待着陕西有企业从这里看到机会。

战略是道。没有战略方向的道，就如同南辕北辙，跑得越快，就发展得越糟糕。

问：我拜读过您有关羊奶粉的多篇文章，大多数都是从企业战略、营销策划和品牌规划上看待企业的发展和变化。我们看到，现在佳贝艾特已经是伊利阵营的企业，宜品发展也趋于平稳，飞鹤也在深度布局自己的羊奶粉。在牛奶粉行业有老大飞鹤，老二伊利，在羊奶粉行业有老大澳优、老二宜品。外界一直在争论，陕西羊奶粉企业还有没有做大的机会？

雷永军：我可以负责任地说，在理论上陕西羊奶粉企业做大的机会肯定是有的，只是说概率比原来更小了。

也请你记住，我说的这个前提——理论上。不在实践中进行战略改革，是没有戏的。

当前羊奶粉的发展遇到了瓶颈，增幅没有原来大，主要原因是我们头部的企业是行业红利收割者，而非行业战略开创者。也就是说，两家头部企业在战略上也存在巨大缺陷。

按发展规律讲，羊奶粉品类销售额做到 100 亿元的时候，应该有一个快速爆发期，就是我们常说的，从 0 做到 5 亿元、20 亿元特别难，但是从 20 亿元做到 50 亿元就容易了，从 50 亿元做到 100 亿元就更容易。这个迸发的机会有两个非常重要的支撑。

第一个，几乎所有的优秀奶粉企业都涉足了羊奶粉领域，参与者越来越多；第二个，全产业链比较优秀的陕西阵营没有出现大企业。

也就是说，飞鹤、伊利、君乐宝、圣元、蒙牛雅士利、合生元等，包括外资企业，都推出了羊奶粉产品，但是都不够大，因此羊奶粉领域出现了"众人拾柴火焰高"的局面，给这个行业注入很多新的活力。同时，最应该出大企业的陕西，还处在懵懂之中，还未找到自己做大做强的战略方向。

另外，头部企业应该有头部企业的担当，从战略上进行调整，思考如何把 100 亿元盘子做到 200 亿元，甚至是 300 亿元，带动行业迅速发展。可惜，羊奶粉的头部企业战略也有缺陷，直到今天也无法引领羊奶粉行业破局。

行业的天花板很低，头部企业没有开拓精神，大盘做不大，天花板就在这里，市场留给陕西的空间就那么大。而如果陕西的企业没有形成完整的组织状态、完备的企业战略、精确的战术打法，想要抓住机会依旧是很难的。

同时我们也要看到，羊奶粉仍然是很热的品类。从这个角度来讲，陕西羊奶粉企业仍然有机会。这就要看谁是市场的整合者了。

陕西需要冒出一个整合者。那就要看谁会有这么宏大的战略思想，谁有这么强大的号召力。马克思说，每个时代都有自己的英雄，如果没有，那么时代就会把这个英雄创造出来。陕西现在正在怀孕"造英雄"，还没有"分娩"出来。

陕西一旦造不出来英雄，别的地方就有可能会造出英雄。比如，第一次行业造出了澳优佳贝艾特，第二次造出了宜品。那么，第三次会是谁呢？

很难讲。说不定伊利到这里来，垄断陕西的羊奶，供应给佳贝艾特，反作用于陕西，成为陕西的老大。有没有这种可能？有可能。当然，也有可能是其它企业。

到底是陕西企业还是外地企业，都不重要。

问题是，陕西应该诞生一个 30 亿—50 亿元规模的羊奶粉企业，它天时、地利都有，就是缺乏人和，也就是缺乏战略，缺乏我刚才讲的"英雄"整合者。

我也注意到奶粉行业对陕西羊奶粉的担忧、渠道对陕西羊奶粉企业的不信任、陕西羊奶粉企业对自身的不自信等问题。

这里有两个内涵，一个是陕西羊奶粉企业的确遇到了巨大的战略问题需要调整，另一个是舆论公关对陕西羊奶粉企业的长期打压。

陕西企业的问题有很多共性。陕西的最大乳企银桥乳业被君乐宝收购，给整个陕西乳品企业的自信心打击很大。因此，我想告诫陕西的羊奶粉企业，一定要有品类自信、发展自信。

普天盛道咨询在给企业提供战略咨询的时候，首先要做三件事：一是拓宽企业家和中层的格局；二是引导企业树立远大的战略目标，让企业有野心；三是引导团队树立必胜的信念。

如果没有品类独创的自信、品质的自信，怎么可能成事？

对于奶粉行业的老大、老二和羊奶粉行业的老大、老二给予陕西羊奶粉企业的压力问题，我觉得没什么大不了的，因为家家有本难念的经。

我们看飞鹤，它是行业第一。它进入羊奶粉行业的时间也不短，为什么干不过佳贝艾特，甚至干不过宜品？我们再看羊奶粉行业的老大佳贝艾特，已经是羊奶粉第一了，为什么市场秩序难以稳定？宜品的问题也很多，而且很突出，是战略性的，我就不一一说了。

我们不要只看到对手的强大，有时候，对手越强大，致命的缺陷也就越大、越明显。

现在，羊奶粉行业的头部企业处在一个非常艰难的调整期，伊利和澳优的结合需要时间的磨合和犯错的矫正。如果磨合成功了，这家企业会直接对宜品和陕西羊奶粉阵营再次形成威胁，并引领中国羊奶粉行业的第二次高速发展；如果磨合不成功，这家企业的未来将很难预料。

其实，这个调整期就是陕西的一次机会。

不仅仅是陕西的羊奶粉企业需要战略调整，行业发展到今天，大多数企业都需要跟上行业变化和竞争主题变化的脚步。

问：陕西羊奶粉的发展不仅得益于资源优势，还离不开政府的支持。我记得陕西省在 2017 年提出了千亿羊奶产业计划，相信这对于陕西阵营的发展也是有利的。陕西政府如何为羊奶产业的发展赋能？

雷永军：对陕西的千亿羊奶产业计划，陕西一直没有出台实质性的、清晰的产业政策，或者说政策还没有起到非常大的正面效果。据说乳业西北王——银桥乳业和君乐宝的并购就是在政府引导下完成的。曾经，陕西的所有企业都认为它是陕西的龙头企业。现在龙头都没了，那么龙身、龙尾、龙爪又能干什么呢？能干到 1000 亿元市场规模吗？所以银桥被并购对于陕西奶粉企业的打击是非常大的，几乎动摇了陕西所有乳品企业家的信心。

这就让陕西企业面临选择：是继续把它做大做强呢，还是把自己的企业打扮好拱手让别人收购呢？我想，现在陕西比较优秀的企业决策者脑海中都在想这个问题。反倒是那些做得不是很好的、也没有人去收购的企业，很可能会拼力一搏。

陕西乳业的现状就像十年前的黑龙江一样。那时飞鹤还没有做起来，黑龙江是伊利、蒙牛、贝因美、雀巢等企业的天下。我曾经写过一篇文章《黑龙江为什么出不了伊利、蒙牛？》，黑龙江几乎所有的乳品企业都内部学习过这篇文章。

我的文章观点很明确：第一，黑龙江产业政策不明朗，政府没有产业战略；第二，当时的黑龙江企业也没有战略。

想象一下，如果那时候完达山被伊利或者蒙牛并购了，飞鹤会不会飞起来？我估计飞鹤就飞不起来了。为什么？因为完达山当时是黑龙江的王，这种并购会打击当地二线、三线的企业家的自信心，后面再要发展就会很难，决策就可能不冷静。

陕西的企业需要安定内心，尽快解决战略问题、战术问题、模式问题、品牌问题、团队问题，甚至内部的人力资源机制问题，迅速将企业推到正规化的道路上，而且速度要快，要争分夺秒。

问：市场确实很难，从企业层面来讲，您能否说说，陕西羊奶粉如果要抓住机遇、参与竞争，需要做哪些准备？

雷永军：陕西企业要清晰认识到自己和竞争对手的优劣势，以及自己应该改变什么来参与竞争。

对于陕西羊奶粉企业，我进行了较为详细的跟踪调研，综合多方因素，我认为，陕西板块两三家企业都有销售额冲破10亿元级别的机会，理论上陕西板块还会诞生一家销售额20亿元级别以上的企业。记住，我说的是理论上，理论上就是一种战略机遇，如果你不去做，这种机遇就会丧失。

我们曾经深度服务过陕西的银桥阳光宝宝奶粉。2008年我们全方位调整阳光宝宝奶粉的战略后，仅两年时间销售额就从

4000 多万元左右增长到了 5 亿元，增长了 10 倍。这就是从战略、营销、品牌、渠道等方面进行立体调整和布局的结果。银桥现在被君乐宝收购了，据说现金仅投入了 1 亿多元。要知道，在 2010 年的时候，银桥旗下的阳光宝宝奶粉就能给银桥每年贡献 6000 多万元的净利润。

如果那时候，阳光宝宝按照我们的规划，在销售额超过 5 亿之后，再次进行战略变革，执行普天盛道咨询制定的"5 年 20 亿"战略，执行婴配粉、成人粉并举战略，执行牛羊奶粉并举战略，那么银桥乳业的命运真的可能被改写。

从我们的研究和观察来看，对陕西羊奶粉整合，君乐宝和飞鹤都比较犹豫，我想，最主要的原因是没有找到战略性的方法论。

如果三年内，飞鹤、君乐宝不在羊奶粉市场发力，那么它们就是放弃了陕西这个堡垒。

陕西还有和氏、美羚、百跃、雅泰等几家不错的企业。当然，这几家企业有优势，也有劣势，我想提醒这些企业，不能"只低头拉车、不抬头看路"了。这些企业一定要注意，奶粉行业进入了减量时代，运营战略、战术、消费者获取方式都发生了改变。尤其是战略，如果不从大的战略上变革，几乎看不到希望。

我在 2019 年创造了"减量市场"这个词，当时的背景是人口出生率急剧下滑。2018 年的下滑会在 2019—2020 年的市场上反映出来，而 2019 年的下滑，直接影响了 2020—2021 年。

减量市场这个大背景要求企业必须有完善的战略、战术。这和我们在增量时代做市场不同，增量时代做市场靠的是敢打敢冲，基本不需要什么策略，闭着眼睛在奶粉的池塘里撒一下网，就是满满收获。

现在不同了，需要企业深刻反思自己的布局、营销、管理、品牌等问题。这是陕西企业需要马上去梳理的问题，也是必须搞清楚的问题。

陕西企业需要引进现代化的管理制度。在管理上要创新，尤其要在决策上设计好流程。

陕西企业要敢于建设伟大团队。一要敢于引进有野心的人才；二要敢于启用自己内部忠诚的人才；三要以开放心态引进懂行的策略机构，以此弥补自己在战略、战术上的缺陷。同时，在注重团队稳定的同时，要敢于打破团队的激励机制，让团队活起来。

企业家和决策者一定要有信心和野心。野心不仅来自不服输的精神，还来自对未来的清晰判断，更来自自身战略和战术的布局能力和执行效率。

要团结起来，把陕西板块做大。这样才能和头部企业抗衡，才能诞生新的发展机遇。

（本文于 2023 年 9 月 12 日发表于乳业圈。）

结语
为结果负责

我大学毕业后的第一份工作就是研究企业。

在 28 岁创业之前的 5 年时间里，我走访了红塔山、茅台、长虹、海尔、TCL、海信、澳柯玛、青岛啤酒、联想、科龙、荣事达、创维、伊利、蒙牛、金山、格力、九阳、双星、皇明、长城、一汽、长沙卷烟厂、郎酒、全兴、格兰仕、步步高等大小企业，估计有 100 多家。

很感激那个时代。

至今我还记得，即将毕业的、傻傻的我第一次应聘，没有任何经验，是常建平老师力排众议，曲延文老师一锤定音给了我机会。也就是从那个时候起，我踏上了深度研究企业的道路。

在最年少轻狂的岁月，我和数百位当时著名的企业家沟通、交流，甚至斗法，深入市场一线，读了近千本经济、资本、管理、营销、品牌、广告、企业家传记、企业发展史类书籍，奠定了我对企业更深层次的理解，增强了我后来在战略咨询道路上的理论基础和实战经验。

正是这个"因"，注定了我来北京创业，做企业咨询。

我来北京接触的第一个客户，就是乳品行业的一家大企业。在没有任何案例展示，也没有任何背景的情况下，这家企业的负责人蔡总在和我沟通中，认可了我的颠覆性营销思维，破天荒地给了我来京创业的第一个机会。我也不负众望，借鉴家电业的品牌营销打法，三个月时间让这家企业的利乐产品在河南的销售额增长了六倍，在这个品类上打败了当时风头正劲的伊利、蒙牛、光明，河南省的销量从第四跃升为第一。

就这样，我误打误撞地进入了乳业。可以说，蔡总是我在乳业的第一位老师，是我的行业引路人。

我也就是从那个时候起，深入研究乳业，研究奶粉，并和乳业结下了不解之缘。至今，我先后服务过四十多家国内外乳品企业。

在过往服务的所有企业中，我印象最为深刻的是圣元国际。

我带领普天盛道咨询先后托管过圣元的两个子公司。圣元国际董事长张亮总对我们极为信任，将包括人事权、财务权、战略战术决策权在内的一切权力全部开放给我，甚至不需要我去汇报工作。这种大家的胸怀和信任，至今让我铭记，也让我在合作期间不敢丝毫懈怠。正是因为张总的信任，我才有机会在做战略咨询的同时，有了管理数百人的营销团队的经验，才有机会从一个战略咨询策略的设计者，转变为一个企业战略的决策者和团队发展的管理者。

可以说，没有张总信任，我对企业战略的认识、对企业战术的理解不可能有今日的深度。张总和我亦师亦友，从他身上我学到了很多。我深知，成熟的战略设计者、企业决策者和企业管理者三重身份，企业需要以数千万，甚至数亿元来培养。

如此恩情，永生不忘！

正是因为有这样的经历和经验，我才有底气将普天盛道咨询的价值观修改为——"为结果负责"！

是的，一家企业找咨询公司往往不是要锦上添花，而是要雪中送炭。要么是企业遭遇了严重的发展危机，要么是企业多少年没有发展变化，要么是企业在竞争中始终处于下风，等等。因此，我对普天盛道咨询的同事们笑称，普天盛道咨询的主要工作就是：把病企业搞活，把小企业搞大，把大企业搞强，简称"三搞"公司。

玩笑归玩笑，真正的战略、战术落地执行起来，还是困难不少。我说的难，并不是战略和战术设计的难，而是说服企业负责人认可和决策的难。

在今天的市场竞争中，大多数战略机遇都是在夹缝中穿行，非一般人可以预见，或者在时机上稍纵即逝，需要快速决策。很多情况下，企业之所以抓不住战略机会，根本原因就是缺乏战略意识，没有战略信心，或者缺乏竞争勇气，习惯了原来的节奏。因此，一切战略问题，归根结底是人和组织的问题。

和有问题的企业沟通，战略思维注定是孤独的！因为，真理往往在少数人手里！

好在，经过10多年的实战和复盘、总结，普天盛道咨询已经有一套推动企业决策层和管理层接受战略思维的模式和方法。"让有野心的企业先发展起来"是我们的客户观，也是我们和企业决策层沟通的主题。

今天，中国正在走向世界舞台的中心，中国企业正在不断地走向国际竞争，无数中国企业即将面临更加残酷的竞争，也将迎来更大的战略挑战。普天盛道咨询提出的"元规则战略""四信营销""定局营销""公关运动论"等实战的中国式本土理论，应该成为企业参与竞争的武器和方法论。

从研究企业开始，我发表文章不少，估计也有百万字左右，但是一直没有总结出书。感谢中国科学技术出版社的李清云老师，她看了我不少文章，觉得观点、理论、经验、实践都很不错，于是鼓励我出书，以飨行业读者。也感谢中国科学技术出版社的褚福祎老师、方理老师，是她们对文章的精心策划、编排，才让读者看到了一本更舒心、更成熟的成书。

再次感谢，是她们的支持给了我勇气，是她们的辛勤工作感染了我。我会将我在企业战略、品牌、营销、公关、广告等方面，过去20年给企业服务的经验和方法论陆续出版，奉献给那些战斗在企业竞争一线的读者，奉献给那些支持我的朋友。

感恩这个时代，感恩我敬爱的父母，感恩一切帮助过我的朋友。

雷永军